Basiswissen
Arbeitsrecht

2019

Günter Marschollek
Vorsitzender Richter am Landesarbeitsgericht

ALPMANN UND SCHMIDT Juristische Lehrgänge Verlagsges. mbH & Co. KG
48143 Münster, Alter Fischmarkt 8, 48001 Postfach 1169, Telefon (0251) 98109-0
AS-Online: www.alpmann-schmidt.de

Marschollek, Günter
**Basiswissen
Arbeitsrecht**
1. Auflage 2019
ISBN: 978-3-86752-578-7
Verlag Alpmann und Schmidt Juristische Lehrgänge
Verlagsgesellschaft mbH & Co. KG, Münster

Die Vervielfältigung, insbesondere das Fotokopieren,
ist nicht gestattet (§§ 53, 54 UrhG) und strafbar (§ 106 UrhG).
Im Fall der Zuwiderhandlung wird Strafantrag gestellt.

Unterstützen Sie uns bei der Weiterentwicklung unserer Produkte.
Wir freuen uns über Anregungen, Wünsche, Lob oder Kritik an:
feedback@alpmann-schmidt.de

Inhaltsverzeichnis

Einleitung – Der arbeitsrechtliche Fall 1
  A. Arbeitsrechtliche Ansprüche 1
  B. Bestand des Arbeitsverhältnisses 2

1. Abschnitt: Grundbegriffe des Arbeitsrechts 3
  A. Das Arbeitsverhältnis 3
  B. Begriff des Arbeitnehmers 3
    I. Privatrechtlicher Vertrag 4
    II. Dienstleistung für einen anderen, also
       Dienstvertrag i.S.d. § 611 BGB 4
    III. Unselbstständigkeit der Dienstleistung aufgrund
        persönlicher Abhängigkeit 4
  C. Begriff des Arbeitgebers 6
  D. Arbeitsrecht und besondere Personengruppen 6
    I. Leitende Angestellte 6
    II. Arbeitnehmerähnliche Personen 7
    III. Heimarbeiter 7
    IV. Auszubildende 8
    V. Praktikanten 8
    VI. Organmitglieder 9
  ■ Check: Grundbegriffe des Arbeitsrechts 10

2. Abschnitt: Die Rechtsquellen des Arbeitsrechts 11
  A. Einteilung und Grundlagen des Arbeitsrechts 11
  B. Die Rechtsquellen des Arbeitsrechts und die
    Rechtsquellenkonkurrenzen 12
    I. Die Rechtsquellen des Arbeitsrechts 12
    II. Rangfolge der arbeitsrechtlichen Rechtsquellen
       (Gestaltungsfaktoren) 12
       1. Konkurrenz bei Rechtsquellen verschiedener
         Rangstufen 13
       2. Konkurrenz bei Rechtsquellen auf derselben
         Rangstufe 13
  C. Einzelne Rechtsquellen im Arbeitsrecht 14
    I. Das Recht der Europäischen Union 14
    II. Das Grundgesetz 15
    III. Arbeitsrechtliche Gesetze 15
    IV. Tarifverträge 16
       1. Wirksamkeitsvoraussetzungen eines
         Tarifvertrages 16
       2. Normsetzungsbefugnis der Tarifvertragsparteien 17
       3. Anwendbarkeit des Tarifvertrages auf ein
         Arbeitsverhältnis 18

I

  V. Betriebsvereinbarungen 19
    1. Regelungsbefugnis der Betriebsparteien 20
    2. Umfang der Wirksamkeitskontrolle 20
  VI. Der Arbeitsvertrag 21
    1. Arbeitsvertragliche Vereinbarungen 21
    2. Arbeitsrechtlicher Gleichbehandlungsgrundsatz 22
■ Check: Rechtsquellen des Arbeitsrechts...23

3. Abschnitt: Begründung und Mängel des Arbeitsverhältnisses 25

 A. Begründung des Arbeitsverhältnisses 25
  I. Geltung der Regeln der allgemeinen Vertragslehre 25
  II. Abschluss- und inhaltliche Gestaltungsfreiheit 25
    1. Die Abschlussfreiheit 25
    2. Die inhaltliche Gestaltungsfreiheit 27
     a) Einschränkungen durch höherrangige
      Rechtsquellen 27
     b) AGB-Kontrolle im Arbeitsvertragsrecht –
      Einzelne Vertragsklauseln 28
 B. Mängel beim Vertragsschluss – Fehlerhafter
  Arbeitsvertrag 31
  I. Fehlende oder beschränkte Geschäftsfähigkeit 31
  II. Nichtigkeit nach § 134 BGB bzw. § 138 BGB 32
  III. Anfechtung des Arbeitsvertrages 32
  IV. Das fehlerhafte (faktische) Arbeitsverhältnis 35
■ Check: Begründung und Mängel des Arbeitsverhältnisses.......36

4. Abschnitt: Rechte und Pflichten der Arbeitsvertragsparteien 38

 A. Arbeitspflicht und Beschäftigungsanspruch des
  Arbeitnehmers 38
  I. Die Arbeitspflicht des Arbeitnehmers 38
    1. Der Umfang der Arbeitspflicht des Arbeitnehmers ...38
     a) Regelmäßige Arbeitszeit 38
     b) Vorübergehende Verlängerung oder
      Verkürzung der Arbeitszeit 39
     c) Anspruch auf Verkürzung bzw. Verlängerung
      der regelmäßigen Arbeitszeit 40
    2. Die Lage der Arbeitszeit 41
  II. Der Beschäftigungsanspruch des Arbeitnehmers........... 41
 B. Vergütungspflicht des Arbeitgebers und
  Vergütungsanspruch des Arbeitnehmers 42
  I. Die Arbeitsvergütung 42

       1. Vergütungshöhe: Grundsatz der Vertragsfreiheit 42
       2. Gesetzlicher Mindestlohn 42
   II. Schutz des Arbeitseinkommens 45
C. Das Urlaubsrecht 45
   I. Anspruch auf den gesetzlichen Mindesturlaub 45
       1. Dauer des gesetzlichen Mindesturlaubs 45
       2. Entstehung des gesetzlichen Mindest-
          urlaubsanspruchs 46
       3. Befristung des Urlaubsanspruchs nach
          § 7 Abs. 3 BUrlG 46
       4. Erfüllung des Urlaubsanspruchs, § 362 BGB 47
       5. Erwerbsverbot während des Urlaubs, § 8 BUrlG 48
       6. Ausschluss von Doppelansprüchen beim
          Arbeitgeberwechsel nach § 6 Abs. 1 BUrlG 48
   II. Urlaubsentgelt, § 11 BUrlG 48
   III. Urlaubsabgeltung nach § 7 Abs. 4 BUrlG 49
   IV. Der übergesetzliche Urlaub 49
■ Check: Arbeit, Vergütung und Urlaub 50

5. Abschnitt: Nichterfüllung der Arbeitspflicht und
               Fallgruppen „Lohn ohne Arbeit" 52
A. Nichterfüllung der Arbeitspflicht und Schadens-
   ersatzpflicht des Arbeitnehmers 52
   I. Kein vollstreckbarer Anspruch auf Erfüllung der
      Arbeitspflicht 52
   II. Rechtsfolgen bei Nichterfüllung der Arbeitspflicht 52
B. Fallgruppen „Lohn ohne Arbeit" 53
   I. Vom Arbeitgeber zu vertretende Unmöglichkeit der
      Arbeitsleistung, § 326 Abs. 2 S. 1 Alt. 1 BGB 53
   II. Vorübergehende Verhinderung des Arbeitnehmers
      aus persönlichen Gründen, § 616 BGB 54
   III. Entgeltfortzahlung im Krankheitsfall 55
       1. Voraussetzungen des Anspruchs auf
          Entgeltfortzahlung im Krankheitsfall 55
       2. Höhe der Entgeltfortzahlung im Krankheitsfall 57
   IV. Feiertagsvergütung nach § 2 EFZG 57
   V. Annahmeverzug des Arbeitgebers 57
       1. Voraussetzungen des Annahmeverzuges 57
       2. Rechtsfolgen des Annahmeverzuges 59
   VI. Betriebsrisiko des Arbeitgebers, § 615 S. 3 BGB 60
   VII. Arbeitsversäumnis von Arbeitnehmervertretern 61

VIII. Mutterschutzrechtliche Beschäftigungsverbote 61
- Check: Nichterfüllung der Arbeitspflicht – Lohn ohne Arbeit 62
C. Nebenpflichten der Arbeitsvertragsparteien 64
    I. Nebenpflichten des Arbeitgebers 64
        1. Einzelne Nebenpflichten des Arbeitgebers 64
        2. Mögliche Rechtsfolgen bei Nebenpflichtverletzungen durch den Arbeitgeber 65
    II. Nebenpflichten des Arbeitnehmers 65
        1. Einzelne Nebenpflichten des Arbeitnehmers 65
        2. Mögliche Rechtsfolgen bei Nebenpflichtverletzungen durch den Arbeitnehmer 66
D. Haftung im Arbeitsverhältnis und innerbetrieblicher Schadensausgleich 66
    I. Haftung im Arbeitsverhältnis nach einem Arbeitsunfall 67
        1. Haftungsprivilegierung des Arbeitgebers nach § 104 SGB VII 67
        2. Haftungsprivilegierung der Arbeitnehmer nach §§ 105, 106 Abs. 3 Alt. 3 SGB VII 68
    II. Haftung der Vertragsparteien außerhalb der Haftungsprivilegierung nach §§ 104–106 SGB VII 68
        1. Haftung des Arbeitnehmers gegenüber dem Arbeitgeber 68
        2. Haftung des Arbeitnehmers gegenüber Arbeitskollegen und Betriebsfremden 69
        3. Haftung des Arbeitgebers für Sachschäden des Arbeitnehmers 70
E. Betriebsübergang i.S.d. § 613 a BGB 71
    I. Rechtsgeschäftlicher Übergang des Betriebes oder eines Betriebsteils auf einen neuen Betriebsinhaber 71
        1. Vorliegen eines Betriebsübergangs 71
        2. Rechtsfolgen des Betriebsübergangs 71
            a) Arbeitgeberwechsel und Fortgeltung arbeitsvertraglicher Rechte und Pflichten, § 613 a Abs. 1 S. 1 BGB 71
            b) Fortgeltung von Rechtsnormen eines Tarifvertrages und einer Betriebsvereinbarung, § 613 a Abs. 1 S. 2–4 BGB 72
    II. Widerspruchsrecht des Arbeitnehmers, § 613 a Abs. 6 BGB 72

    III. Kündigung wegen eines Betriebsübergangs 73
■ Check: Nebenpflichten, Haftung, Betriebsübergang 74

6. Abschnitt: Die Beendigung des Arbeitsverhältnisses 76
   A. Der Aufhebungsvertrag 76
   B. Die Befristung des Arbeitsverhältnisses 77
      I. Befristung ohne Sachgrund nach § 14 Abs. 2 TzBfG 78
      II. Befristung mit Sachgrund nach § 14 Abs. 1 TzBfG 79
      III. Folgen unwirksamer Befristungsvereinbarungen 79
   C. Auflösende Bedingung, § 21 TzBfG 80
■ Check: Aufhebungsvertrag und Befristung 81
   D. Die Kündigung des Arbeitsverhältnisses 82
      I. Die ordentliche Kündigung durch den
         Arbeitnehmer 82
      II. Die ordentliche Kündigung durch den
         Arbeitgeber 83
         1. Differenzierung nach Notwendigkeit der
           Beachtung von Kündigungsschutz-
           bestimmungen 83
            a) Einschränkungen des Grundsatzes der
              Kündigungsfreiheit 83
            b) Nichtanwendbarkeit von Kündigungs-
              schutzbestimmungen 83
         2. Formelle Wirksamkeitsvoraussetzungen 84
            a) Ordnungsgemäße Kündigungserklärung 84
            b) Schriftformerfordernis des § 623 BGB 84
            c) Zugang der Kündigungserklärung 85
            d) Kündigung des Arbeitgebers 85
            e) Einhaltung der dreiwöchigen Klagefrist des
              § 4 S. 1 KSchG 86
            f) Ordnungsgemäße Anhörung des
              Betriebsrates, § 102 BetrVG 86
            g) Anhörung der Schwerbehindertenvertretung
              vor der Kündigung eines schwerbehinderten
              Menschen nach § 178 Abs. 2 SGB IX 88
         3. Besonderer Kündigungsschutz 88
■ Check: Formelle Wirksamkeitsvoraussetzung
   – Besonderer Kündigungsschutz 90
         4. Allgemeiner Kündigungsschutz
           nach dem KSchG 91
            a) Anwendbarkeit des KSchG nach §§ 1 Abs. 1, 23
              Abs. 1 KSchG 91

        aa) Persönlicher Anwendungsbereich,
        § 1 Abs. 1 KSchG 91
        bb) Betrieblicher Anwendungsbereich,
        § 23 Abs. 1 S. 1–4 KSchG 91
    b) Voraussetzungen für die soziale Rechtfertigung
    der Arbeitgeberkündigung nach § 1 KSchG 92
        aa) Die personenbedingte Kündigung 92
        bb) Die verhaltensbedingte Kündigung 94
        cc) Betriebsbedingte Kündigung –
        Erforderlichkeit der sozialen Auswahl,
        § 1 Abs. 2, 3 KSchG 95
            (1) „Normalfall" der betriebsbedingten
            Kündigung..95
            (2) Massenentlassung, § 17 KSchG.....................97
            (3) Betriebsänderung und Interessen-
            ausgleich mit Namensliste,
            § 1 Abs. 5 KSchG, § 125 InsO 97
    5. Kündigungsfristen bei Arbeitgeberkündigungen 98
■ Check: Allgemeiner Kündigungsschutz nach dem KSchG.........99
    III. Die außerordentliche Kündigung
    gemäß § 626 BGB 101
    1. Formelle Wirksamkeitsvoraussetzungen einer
    außerordentlichen Kündigung 101
    2. Einhaltung bestehender besonderer
    Kündigungsschutzbestimmungen 101
    3. Wichtiger Kündigungsgrund i.S.d. § 626 BGB 102
    IV. Die Änderungskündigung nach § 2 KSchG 105
■ Check: Außerordentliche Kündigung – Änderungs-
kündigung 107
    E. Das Arbeitszeugnis 108
■ Schema für die Unwirksamkeit einer ordentlichen
Arbeitgeberkündigung.. 110

Einleitung – Der arbeitsrechtliche Fall

Das vorliegende Skript soll Ihnen zum einen ersten Überblick über die Systematik und die Grundkenntnisse des Arbeitsrechts verschaffen und zum anderen die Vorgehensweise bei der Lösung arbeitsrechtlicher Fälle aufzeigen.

Bei den arbeitsrechtlichen Fällen, die den Pflichtteilbereich betreffen, geht es regelmäßig entweder darum, gegenseitige Ansprüche der Arbeitsvertragsparteien oder den vom Arbeitnehmer geltend gemachten Fortbestand des Arbeitsverhältnisses zu prüfen.

A. Arbeitsrechtliche Ansprüche

Da das Arbeitsverhältnis ein (Dauer-)Schuldverhältnis ist, sind bei der Prüfung von arbeitsrechtlichen Ansprüchen im Wesentlichen die gleichen drei Prüfungsschritte einzuhalten, die auch sonst bei der Prüfung von Ansprüchen eines Gläubigers gegen einen Schuldner einzuhalten sind. Insoweit kann zunächst auf die Darstellungen in den AS-Basisskripten BGB AT und Schuldrecht AT verwiesen werden.

Zur Wiederholung werden diese Schritte in diesem Skript nochmal kurz dargestellt:

1. Schritt: Das Erfassen der Aufgabe

Bei diesem Arbeitsschritt ist genaue gedankliche Erfassung des Sachverhalts und die genaue Konkretisierung der Fallfrage (Wer will was, von wem, woraus?) erforderlich.

2. Schritt: Erstellen einer Gliederung

Bei diesem Schritt sind die in Betracht kommenden Anspruchsgrundlagen zu suchen und zu ordnen. Dabei ist zu beachten, dass es im Arbeitsvertragsrecht eine Vielzahl von gesetzlichen Sonderregelungen gibt, aus denen sich die begehrte Rechtsfolge ergibt und die grds. Vorrang vor den für alle schuldrechtlichen Fälle geltenden BGB-Vorschriften (lex specialis vor lex generalis) haben.

Im Rahmen der Prüfung eines arbeitsrechtlichen Falles können Probleme beim Zustandekommen des Arbeitsvertrages auftreten oder Leistungsstörungen vorliegen, sodass der Bearbeiter auf die Kenntnisse des BGB AT (z.B. Willensmängel, Abgabe und Zugang von Willenserklärungen, Formerfordernisse, Stellvertretung) und des Schuldrechts AT (z.B. Schuldnerverzug, Unmöglichkeit) zurückgreifen kann. Dabei muss er aber immer im Auge behalten, dass das Arbeitsvertragsrecht Sonderregelungen enthalten kann und häufig aus Gründen des Arbeitnehmerschutzes auch enthält.

3. Schritt: Erstellen der Falllösung

In diesem Schritt werden die in den beiden vorangegangenen Arbeitsschritten erzielten Ergebnisse bei einer Klausur gedanklich geordnet niedergeschrieben oder mündlich vorgetragen.

Um diese drei Prüfungsschritte bei der Bearbeitung eines arbeitsrechtlichen Falles erfolgreich anwenden zu können, sind also neben den Kenntnissen der allgemeinen Probleme des BGB zwingend auch die arbeitsrechtlichen Spezialkenntnisse erforderlich.

Der Arbeitsrechtsfall ist also zunächst ein ganz „normaler" Zivilrechtsfall, bei dessen Lösung zusätzlich auch das Arbeitsrecht beachtet werden muss, das häufig Sonderregelungen enthält, die vorrangig sind.

B. Bestand des Arbeitsverhältnisses

Bei diesen Fallgestaltungen kommt es nicht selten bereits auf das Vorliegen einer ordnungsgemäßen Beendigungserklärung an, für die grds. die Regeln des BGB AT über Willenserklärungen gelten, wobei die Schriftformklausel des § 623 BGB zu beachten ist.

Die wichtigsten Beendigungstatbestände sind die Anfechtung der auf den Abschluss des Arbeitsvertrages gerichteten Willenserklärung durch den Arbeitgeber wegen arglistiger Täuschung durch Falschbeantwortung einer Einstellungsfrage oder durch Verschweigen einer bestimmten Tatsache, der Ablauf der vereinbarten Befristung sowie die Kündigung des Arbeitsverhältnisses.

Bei Kündigung des Arbeitsverhältnisses durch den Arbeitgeber ist stets daran zu denken, dass zugunsten besonders schutzbedürftiger Arbeitnehmer (z.B. schwerbehinderte Menschen) besondere Kündigungsschutzbestimmungen eingreifen können. Außerdem ist zu beachten, dass bei Anwendbarkeit des Kündigungsschutzgesetzes in persönlicher und betrieblicher Hinsicht nach §§ 1 Abs. 1, 23 Abs. 1 KSchG die Kündigung nur beim Vorliegen einer sozialen Rechtfertigung wirksam ist, wobei die Unwirksamkeit einer formgerechten Kündigung nur innerhalb der dreiwöchigen Klagefrist des § 4 KSchG mit Erfolg geltend gemacht werden kann.

Bei **Befristungen** sind die besonderen Regelungen des Teilzeit- und Befristungsgesetzes (TzBfG) einschließlich der dreiwöchigen Klagefrist des § 17 TzBfG zu beachten.

1. Abschnitt: Grundbegriffe des Arbeitsrechts

Das Arbeitsrecht insgesamt ist grundsätzlich dem Privatrecht zuzuordnen. Es wird häufig auch als das Sonderrecht oder Schutzrecht der Arbeitnehmer bezeichnet. Es ist historisch aus der Bemühung heraus entstanden, der schwierigen soziale Lage des Arbeitnehmers im Rahmen einer privatrechtlichen Dauervertragsbeziehung mit Mitteln einer rechtlichen Sondermaterie Rechnung zu tragen, die die schutzwürdigen Belange des Arbeitnehmers als des schwächeren Vertragspartners auch bei grundsätzlicher Geltung der Vertragsfreiheit ausreichend berücksichtigt.

A. Das Arbeitsverhältnis

Als Arbeitsverhältnis wird allgemein die **Gesamtheit der durch einen Arbeitsvertrag i.S.d. § 611 a BGB begründeten Rechtsbeziehungen zwischen einem Arbeitnehmer und einem Arbeitgeber** definiert. Ob ein Arbeitsverhältnis, also eine Rechtsbeziehung zwischen einem Arbeitnehmer und einem Arbeitgeber vorliegt und damit die arbeitsrechtlichen Sonderregelungen eingreifen, ist ausgehend vom Arbeitnehmerbegriff zu klären.

B. Begriff des Arbeitnehmers

Obwohl der Arbeitnehmerbegriff der zentrale Begriff des Arbeitsrechts ist, der insbesondere für die Anwendung der arbeitsrechtlichen Schutzbestimmungen maßgeblich ist, gab es bisher keine gesetzliche Definition des Arbeitnehmers. Daran ändert an sich auch der seit dem 01.04.2017 geltende § 611 a BGB nichts, der entgegen dem ursprünglichen Gesetzesentwurf nicht unmittelbar eine Definition des Arbeitnehmers, sondern ausweislich seiner Überschrift die des Arbeitsvertrages enthält. Aus dem Begriff des Arbeitsvertrages folgt aber inzident auch der Arbeitnehmerbegriff. **Arbeitnehmer ist nach § 611 a Abs. 1 BGB** derjenige, der aufgrund eines privatrechtlichen Vertrages im Dienste eines anderen zur Leistung weisungsgebundener, fremdbestimmter Arbeit in persönlicher Abhängigkeit verpflichtet ist. **Voraussetzungen für die Arbeitnehmereigenschaft** eines Beschäftigten sind also:

- Privatrechtlicher Vertrag
- Dienstleistung für einen anderen, also Dienstvertrag, § 611 BGB
- Unselbstständigkeit der Dienstleistung wegen persönlicher Abhängigkeit

I. Privatrechtlicher Vertrag

Durch dieses Merkmal unterscheidet sich der Arbeitnehmer von anderen Beschäftigten, die die Arbeiten nicht aufgrund eines privatrechtlichen Vertrages verrichten, sondern auf einer anderen Rechtsgrundlage (z.B. Beamtenverhältnis, Heranziehung zu einer gemeinnützigen Arbeit durch einen Verwaltungsakt, Angehörige religiöser Orden). Bei Heranziehung zur Arbeit durch einen staatlichen Hoheitsakt kommt es auf die Rechtmäßigkeit des Hoheitsaktes grundsätzlich nicht an, da auch bei Rechtswidrigkeit des Hoheitsaktes keine privatrechtliche, sondern eine öffentlich-rechtliche Rechtsbeziehung vorliegt.

II. Dienstleistung für einen anderen, also Dienstvertrag i.S.d. § 611 BGB

Der **Arbeitsvertrag i.S.d. § 611 a BGB** ist nur ein **Sonderfall des Dienstvertrages,** wie schon die systematische Stellung des § 611 a BGB zeigt. Die Annahme der Arbeitnehmereigenschaft i.S.d. § 611 a Abs. 1 BGB setzt demnach zwingend die Verpflichtung zur Erbringung einer Dienstleistung i.S.d. § 611 BGB voraus, also einer **Tätigkeit für den Dienstherren ohne Gewähr für einen bestimmten Erfolg**. Bei Anhaltspunkten im Sachverhalt ist eine genaue Abgrenzung von anderen Vertragstypen erforderlich, insbesondere von einem Werkvertrag i.S.d. § 631 BGB (Erfolg geschuldet) oder einem Gefälligkeitsverhältnis ohne Verpflichtung zur Leistungserbringung.

Bei **Tätigkeiten des Gesellschafters einer Personenhandelsgesellschaft** ist im Einzelfall zu prüfen, ob Grundlage der Tätigkeit ein Arbeitsvertrag oder „nur" der Gesellschaftervertrag ist, da der Beitrag eines Gesellschafters nach § 706 Abs. 3 BGB auch in der Leistung von Diensten bestehen kann (Tätigkeit eines Gesellschafters auf gesellschaftsrechtlicher Basis).

III. Unselbstständigkeit der Dienstleistung aufgrund persönlicher Abhängigkeit

Ein Arbeitsverhältnis unterscheidet sich von dem Rechtsverhältnis eines freien Dienstnehmers entscheidend durch den **Grad der persönlichen Abhängigkeit,** in der sich der zur Dienstleistung Verpflichtete befindet. **Keine Bedeutung** hat dagegen eine rein **wirtschaftliche Abhängigkeit**.

B. Begriff des Arbeitnehmers

Für die **Abgrenzung Arbeitnehmer/Selbstständiger**, die häufig das Hauptproblem bei der Prüfung der Arbeitnehmereigenschaft ist, gibt es auch nach der Einführung des § 611 a Abs. 1 BGB **keine allgemeingültigen abstrakten Abgrenzungskriterien**. § 611 a Abs. 1 BGB selbst enthält zum Arbeitnehmerbegriff inhaltlich auch nichts Neues, sondern normiert nur die von der Rspr. entwickelten Abgrenzungsgrundsätze zur Feststellung der Arbeitnehmereigenschaft. Es kann daher ohne Weiteres auf die von der bisherigen Rspr. entwickelten Abgrenzungskriterien zurückgegriffen werden.

Ausgangspunkt für die Prüfung der persönlichen Abhängigkeit ist § 611 a Abs. 1 S. 3 BGB, wonach weisungsgebunden ist, wer nicht im Wesentlichen seine Tätigkeit frei gestalten und seine Arbeitszeit selbst bestimmen kann. Dabei ist zu beachten, dass es kein Merkmal gibt, das unverzichtbar vorliegen muss, damit man von persönlicher Abhängigkeit sprechen kann. Ebenso wenig gibt es aber kein Merkmal der persönlichen Abhängigkeit, das sich nicht auch gelegentlich bei Selbstständigen findet.

Vgl. auch § 84 Abs. 1 S. 2 HGB, dem bisher eine allgemeingültige gesetzgeberische Wertung entnommen wurde.

Ob Tätigkeiten in persönlicher Abhängigkeit erbracht werden, ist gemäß **§ 611a Abs. 1 S. 5 BGB** aufgrund einer wertenden **Gesamtbetrachtung aller Umstände des Einzelfalls** (Indizien) zu ermitteln. **Maßgeblich** sind dabei, sofern die Vertragsparteien nicht ausdrücklich ein Arbeitsverhältnis begründet haben, **nach § 611 a Abs. 1 S. 6 BGB die objektiven Vertragsumstände,** wobei die Umstände je nach Einzelfall unterschiedliches Gewicht haben können. Der rechtlichen Qualifizierung des Vertrages durch die Parteien als Dienstvertrag kommt danach keine Bedeutung zu, wenn die tatsächliche Durchführung des Vertragsverhältnisses zeigt, dass es sich in Wirklichkeit um ein Arbeitsverhältnis handelt. Die Parteien können also die zwingenden Arbeitnehmerschutzbestimmungen nicht dadurch umgehen, dass sie einem nach den objektiven Umständen der Vertragsdurchführung tatsächlich vorliegenden Arbeitsverhältnis eine andere Bezeichnung geben.

Die wichtigsten Indizien für eine persönliche Abhängigkeit sind:

- Weisungsbindung hinsichtlich der Art und Weise, der Zeit und Dauer sowie des Ortes der Tätigkeit und

- Eingliederung in fremde Betriebsorganisation

Für die Arbeitnehmereigenschaft spricht außerdem, wenn die gesamte Arbeitskraft geschuldet wird, sodass keine Möglichkeit einer weiteren wirtschaftlichen Betätigung besteht; müssen dagegen wegen des übernommenen Arbeitsvolumens auch Dritte beschäftigt werden, spricht das gegen die Arbeitnehmereigenschaft.

Außerdem können im **Einzelfall folgende Indizien nützlich** sein, deren Fehlen zwar nicht gegen die Arbeitnehmereigenschaft spricht, das Vorliegen aber dafür sprechen kann:

- **Beispiele:** Festes Monatsentgelt, Abführung von Lohnsteuern und von Sozialversicherungsbeiträgen, Urlaub, Entgeltfortzahlung im Krankheitsfall, unternehmerisches Risiko (für Selbstständigkeit).

C. Begriff des Arbeitgebers

Arbeitgeber ist jede natürliche oder juristische Person sowie jede (teil-)rechtsfähige Personengesellschaft, die zumindest einen Arbeitnehmer oder eine arbeitnehmerähnliche Person schon beschäftigt bzw. eine entsprechende Beschäftigungsabsicht hat. Damit ist nach heute ganz h.M. auch die BGB-Gesellschaft als solche Arbeitgeber und nicht die einzelnen BGB-Gesellschafter.

D. Arbeitsrecht und besondere Personengruppen

I. Leitende Angestellte

Leitende Angestellte sind zwar **Arbeitnehmer**, sie werden aber im Unternehmen **an herausgehobener Stelle tätig** und nehmen für den Arbeitgeber in eigener Verantwortung typische Arbeitgeberfunktionen mit einem eigenen, erheblichen Entscheidungsspielraum wahr. Bildlich gesprochen stehen sie also „im Lager" des Arbeitgebers. Dies rechtfertigt es, dass die **arbeitsrechtlichen Vorschriften** für leitende Angestellte wegen deren Aufgaben und Stellung im Unternehmen **teilweise nur eingeschränkt** (z.B. § 14 Abs. 2 KSchG) **oder gar nicht gelten** (z.B. § 18 ArbZG). Es gibt allerdings keinen einheitlichen Begriff des leitenden Angestellten. Vielmehr wird er im jeweiligen Gesetz definiert und kann daher (leicht) variieren (z.B. § 5 Abs. 3 BetrVG und § 14 Abs. 2 KSchG).

Den leitenden Angestellten obliegen wegen ihrer herausgehobenen Stellung und des damit verbundenen Vertrauens auch **gesteigerte Pflichten** gegenüber dem Arbeitgeber, sodass Vertragsverstöße strenger beurteilt und als Kündigungsgrund angesehen werden können als es bei „normalen" Arbeitnehmern der Fall ist.

Leitende Angestellte sind nach der **Fiktion des § 5 Abs. 3 BetrVG keine Arbeitnehmer i.S.d. BetrVG**. Das BetrVG ist daher auf sie nicht anwendbar, insbesondere der Betriebsrat für sie nicht zuständig (Ausnahme: § 104 BetrVG). In Betrieben mit mindestens zehn leitenden Angestellten können aber nach § 1 SprAuG Sprecherausschüsse gebildet werden, die die Rechte der leitenden Angestellten wahrnehmen.

II. Arbeitnehmerähnliche Personen

Arbeitnehmerähnliche Personen sind **Selbstständige**, die mangels persönlicher Abhängigkeit keine Arbeitnehmer sind, die aber

- von einem Unternehmer wirtschaftlich abhängig und
- ihrer gesamten sozialen Stellung nach einem Arbeitnehmer vergleichbar sozial schutzbedürftig sind.

An die Stelle der persönlichen Abhängigkeit tritt also bei den arbeitnehmerähnlichen Personen die wirtschaftliche Abhängigkeit, die allerdings allein noch nicht ausreicht.

Die **wirtschaftliche Abhängigkeit** ist gegeben, wenn der Betreffende auf die Verwertung seiner Arbeitskraft und die Einkünfte aus seiner Tätigkeit als Existenzgrundlage angewiesen ist. Dies kann insbesondere bei der Tätigkeit für nur einen Auftraggeber der Fall sein, wobei diesbezüglich eine gewisse Dauerbeziehung vorausgesetzt wird. Eine arbeitnehmerähnliche Person kann auch für mehrere Auftraggeber tätig sein, wenn die Beschäftigung für einen von ihnen überwiegt und die daraus fließende Vergütung die entscheidende Existenzgrundlage darstellt.

Der **Beschäftigte ist einem Arbeitnehmer vergleichbar sozial schutzbedürftig,** wenn das Maß der Abhängigkeit nach der Verkehrsanschauung einen solchen Grad erreicht, wie er im Allgemeinen nur in einem Arbeitsverhältnis vorkommt, und die geleisteten Dienste nach ihrer soziologischen Typik mit denen eines Arbeitnehmers vergleichbar sind.

In verschiedenen arbeitsrechtlichen Gesetzen (z.B. § 2 S. 2 BUrlG, § 1 Abs. 2 Nr. 7 MuSchG) werden arbeitnehmerähnliche Personen den Arbeitnehmern gleichgestellt. In prozessrechtlicher Hinsicht gelten allerdings arbeitnehmerähnliche Personen gemäß **§ 5 Abs. 1 S. 2 ArbGG** als Arbeitnehmer i.S.d. ArbGG, sodass für deren Streitigkeiten gegen den Unternehmer der **Rechtsweg zu den Arbeitsgerichten eröffnet** ist.

III. Heimarbeiter

Heimarbeiter sind ebenfalls **keine Arbeitnehmer**. Für sie finden sich **Sonderregelungen im HAG**. Arbeitsrechtsgesetze gelten für sie nur, wenn und soweit dies ausdrücklich gesetzlich angeordnet ist, vgl. § 5 Abs. 1 S. 2 BetrVG, § 1 Abs. 2 Nr. 6 MuSchG, § 1 Abs. 2 Nr. 2 JArbSchG und §§ 10, 11 EFZG. Heimarbeiter gelten allerdings nach der **Fiktion des § 5 Abs. 1 S. 2 ArbGG** als Arbeitnehmer i.S.d. ArbGG, sodass für Streitigkeiten aus dem Heimarbeitsverhältnis der **Rechtsweg zu den Arbeitsgerichten eröffnet** ist.

IV. Auszubildende

Auszubildende sind nach h.M. grds. **keine Arbeitnehmer**. Sie werden im Rahmen eines Berufsausbildungsverhältnisses beschäftigt, das für die Ausübung des Ausbildungsberufes notwendigen beruflichen Fertigkeiten, Kenntnisse und Fähigkeiten in einem geordneten Ausbildungsgang vermitteln und den Erwerb der erforderlichen Berufserfahrungen ermöglichen (§ 3 BBiG) soll. Für Auszubildende gilt daher **in erster Linie** das **Berufsbildungsgesetz** (BBiG). Auf den Berufsausbildungsvertrag sind aber nach **§ 10 Abs. 2 BBiG**, soweit sich aus seinem Wesen und Zweck und aus dem BBiG nichts anderes ergibt, die für den Arbeitsvertrag geltenden Rechtsvorschriften und Rechtsgrundsätze anzuwenden. Sie sind aufgrund ausdrücklicher gesetzlicher Regelungen **Arbeitnehmer i.S.d. BetrVG und des ArbGG** (§ 5 Abs. 1 S. 1 BetrVG bzw. § 5 Abs. 1 S. 1 ArbGG), sodass für Streitigkeiten aus dem Ausbildungsverhältnis die **Arbeitsgerichte zuständig** sind. Fehlt in einem Arbeitsrechtsgesetz eine ausdrückliche Regelung, ist nach § 10 Abs. 2 BBiG immer zu prüfen ist, ob es auch auf Auszubildende anwendbar ist (z.B. § 3 Abs. 3 EFZG, nicht aber das KSchG, vgl. § 22 BBiG).

Zu beachten ist außerdem, dass für **Auszubildende, die das 18. Lebensjahr noch nicht vollendet haben** das **JArbSchG** gilt, § 1 Abs. 1 Nr. 1 JArbSchG.

V. Praktikanten

Praktikant ist, wer sich vorübergehend zum Erwerb praktischer Kenntnisse und Erfahrungen einer bestimmten betrieblichen Tätigkeit und Ausbildung bewirbt, die aber keine systematische Berufsausbildung oder vergleichbare Ausbildung darstellt (§ 22 Abs. 1 S. 3 MiLoG). Auch bei einem Praktikum steht nicht die Erbringung von Arbeitsleistungen gegen Vergütung im Vordergrund, sondern das Erlernen neuer Kenntnisse und Fähigkeiten sowie Sammeln praktischer Erfahrungen. Der Praktikant ist daher ebenfalls **kein Arbeitnehmer**. Regelt aber ein „Praktikanten-Vertrag" typische Arbeitnehmerpflichten, insbesondere eine tägliche Anwesenheitspflicht und eine weisungsabhängige Tätigkeit, ist dieses „Scheinpraktikum" aufgrund der Umstände der tatsächlichen Vertragsdurchführung (vgl. § 611 a Abs. 1 S. 5, 6 BGB) als ein Arbeitsverhältnis zu qualifizieren.

VI. Organmitglieder

Organe bzw. Mitgliedern von Organen juristischer Personen (Geschäftsführer, Vorstände) werden jedenfalls **i.d.R. nicht aufgrund eines Arbeitsvertrages, sondern eines freien Dienstvertrages** tätig. Insbesondere bei einem Fremdgeschäftsführer einer GmbH kann aber im Falle einer starken internen Weisungsabhängigkeit, die über die des § 36 GmbHG hinausgeht, nach h.M. ein **Arbeitsverhältnis** vorliegen. Dies kommt allerdings **nur in Ausnahmefällen** in Betracht.

Die Abgrenzungsproblematik ist in rechtlicher Hinsicht insofern erheblich entschärft, als verschiedene arbeitsrechtliche Vorschriften (z.B. § 14 Abs. 1 Nr. 1 KSchG, § 5 Abs. 2 Nr. 1 BetrVG, § 5 Abs. 1 S. 3 ArbGG) ohnehin ausdrücklich regeln, dass das jeweilige Gesetz auf Organe und Organmitglieder nicht anwendbar ist bzw. sie nicht als Arbeitnehmer i.S.d. jeweiligen Gesetzes gelten.

Aufgrund der **Fiktion des § 5 Abs. 1 S. 3 ArbGG,** ist auch der **Rechtsweg zu den Arbeitsgerichten für Organvertreter** ohne Rücksicht auf die Rechtsnatur des der Organbestellung zugrunde liegenden Rechtsverhältnisses **versperrt**. Die **Fiktion des § 5 Abs. 1 S. 3 ArbGG fällt** allerdings **mit der Abberufung bzw. der Niederlegung der Organstellung weg**, und zwar auch dann, wenn dies in der Beschwerdeinstanz beim Streit über die Zulässigkeit des Rechtsweges erfolgt. In diesem Fall ist die Zulässigkeit des Rechtsweges nach allgemeinen Grundsätzen zu beurteilen, wobei sich durch die Abberufung bzw. Niederlegung des Geschäftsführeramtes allein die Rechtsnatur des der Organstellung zugrundeliegenden Vertragsverhältnisses nicht ändert.

Zu beachten ist außerdem, dass der **Begriff des Arbeitnehmers i.S.d. des Rechts der europäischen Union weiter ist, als der Arbeitnehmerbegriff nach dem deutschen Arbeitsrecht**. Praktische Bedeutung hat dies bei den Vorschriften, die Rechtsgrundlage im Recht der EU haben. Diese Vorschriften (z.B. § 17 KSchG: Massenentlassungsrichtlinie 98/59/EG; § 17 MuSchG: Mutterschutzrichtlinie 98/59/EG) gelten z.B. auch für die als Fremdgeschäftsführer einer GmbH tätigen Personen, sodass für sie das Kündigungsverbot des § 17 MuSchG bei Schwangerschaft gilt und sie auch bei den Schwellenwerten des § 17 Abs. 1 KSchG als Arbeitnehmer mit zählen.

Check: Grundbegriffe des Arbeitsrechts

1. Was versteht man unter einem Arbeitsverhältnis?

1. Die Gesamtheit der durch einen Arbeitsvertrag i.S.d. § 611 a BGB begründeten Rechtsbeziehungen zwischen einem Arbeitnehmer und einem Arbeitgeber.

2. Welche Beschäftigte sind Arbeitnehmer?

2. Arbeitnehmer ist nach § 611 a Abs. 1 BGB derjenige, der aufgrund eines privatrechtlichen Vertrages im Dienste eines anderen zur Leistung weisungsgebundener, fremdbestimmter Arbeit in persönlicher Abhängigkeit verpflichtet ist.

3. Was ist häufig das Hauptproblem bei der Prüfung der Arbeitnehmereigenschaft?

3. Die Abgrenzung Arbeitnehmer/Selbstständiger, wofür es auch nach Einführung des § 611 a BGB keine allgemeingültigen abstrakten Abgrenzungskriterien gibt.

4. Können die Vertragsparteien aufgrund der Vertragsfreiheit frei bestimmen, dass der Beschäftigte ein Selbständiger ist?

4. Nein. Sofern die Vertragsparteien nicht ausdrücklich ein Arbeitsverhältnis begründet haben, sind für die Abgrenzung nach § 611 a Abs. 1 S. 6 BGB die objektiven Vertragsumstände maßgeblich, wobei nach § 611 a Abs. 1 S. 5 BGB eine wertende Gesamtbetrachtung aller des Umstände Einzelfalls (Indizien) vorzunehmen ist.

5. Welche sind die wichtigsten Indizien für eine persönliche Abhängigkeit.

5. Weisungsbindung hinsichtlich der Art und Weise, der Zeit und Dauer sowie des Ortes der Tätigkeit und Eingliederung in fremde Betriebsorganisation.

6. Sind auf leitende Angestellte alle arbeitsrechtlichen Bestimmungen anwendbar?

6. Nein. Die Arbeitsrechtsgesetze gelten für leitende Angestellte z.T. nur eingeschränkt (z.B. § 14 Abs. 2 KSchG), z.T. gar nicht (z.B. § 18 ArbZG). Sie sind nach § 5 Abs. 3 BetrVG auch keine Arbeitnehmer i.S.d. BetrVG.

7. Wer ist eine arbeitnehmerähnliche Person?

7. Selbstständige, die mangels persönlicher Abhängigkeit keine Arbeitnehmer sind, die aber von einem Unternehmer wirtschaftlich abhängig und ihrer gesamten sozialen Stellung nach einem Arbeitnehmer vergleichbar sozial schutzbedürftig sind.

8. Sind Organvertreter von juristischen Personen Arbeitnehmer?

8. Jedenfalls i.d.R. nicht, da sie nicht aufgrund eines Arbeitsvertrages, sondern eines freien Dienstvertrages tätig sind. Insbesondere bei einem Fremdgeschäftsführer einer GmbH kann aber h.M. in besonders gelagerten Ausnahmefällen ein Arbeitsverhältnisses vorliegen.

9. Sind für Klagen eines Organvertreters gegen das Unternehmen die Arbeitsgerichte zuständig?

9. Nicht wegen der Fiktion des § 5 Abs. 1 S. 3 ArbGG für die Dauer der Organstellung. Danach ist über die Zuständigkeit nach allgemeinen Grundsätzen zu entscheiden.

2. Abschnitt: Die Rechtsquellen des Arbeitsrechts

A. Einteilung und Grundlagen des Arbeitsrechts

Für das Arbeitsrecht fehlt es bisher an einer einheitlichen und umfänglichen Kodifikation, sodass für das Arbeitsverhältnis relevante Rechtsnormen in einer Vielzahl von arbeitsrechtlichen Gesetzen (Rechtsquellen im Arbeitsrecht) zu finden sein können. Der Zersplitterung des Arbeitsrechts kann allerdings der Vorteil abgewonnen werden, dass die vielen Arbeitsrechtsgesetze regelmäßig den Namen der Rechtsmaterie tragen, die sie auch regeln (z.B. BundesurlaubsG, TarifvertragsG, ArbeitszeitG), was das Finden der einschlägigen Rechtsnormen teilweise sehr erleichtert.

Entsprechend seinen Regelungsbereichen wird das Arbeitsrecht üblicherweise eingeteilt in

- Individualarbeitsrecht einschließlich des Arbeitsschutzrechts und
- kollektives Arbeitsrecht.

Das **Individualarbeitsrecht** ist der Teil des Arbeitsrechts, der die Rechtsbeziehungen zwischen dem Arbeitgeber und den einzelnen Arbeitnehmern regelt, also das Schuldverhältnis. Dazu gehören insbesondere Fragen der Begründung, des Inhalts und der Beendigung des Arbeitsverhältnisses sowie Leistungsstörungen.

Das kollektive Arbeitsrecht ist dagegen der Teil des Arbeitsrechts, der die Rechtsbeziehungen der arbeitsrechtlichen Koalitionen (Gewerkschaften und Arbeitgeberverbände) und der Belegschaftsvertretungen (Betriebs-/Personalräte) zu ihren Mitgliedern und zu ihren jeweiligen „Gegenspielern" regelt. Dazu gehören insbesondere das Koalitions-, Tarifvertrags- und Arbeitskampfrecht und das Betriebsverfassungs-/Personalvertretungsrecht sowie das Unternehmensmitbestimmungsrecht.

Bereits an dieser Stelle ist allerdings darauf hinzuweisen, dass es sich dabei lediglich um eine dogmatische Einteilung der Regelungsbereiche des Arbeitsrechts handelt, die nicht isoliert betrachtet werden dürfen. Vielmehr ist bei der Lösung eines konkreten arbeitsrechtlichen Falles stets zu beachten, dass das **kollektive Arbeitsrecht** häufig **Auswirkungen auf die individualrechtlichen Ansprüche und Rechtsfolgen** hat und daher bei der Fallprüfung zumindest gedanklich berücksichtigt werden muss.

! **Beachte:** Das kollektive Arbeitsrecht hat bei einer Fallprüfung häufig Auswirkungen auf das Individualarbeitsrecht.

B. Die Rechtsquellen des Arbeitsrechts und die Rechtsquellenkonkurrenzen

I. Die Rechtsquellen des Arbeitsrechts

- Im Arbeitsrecht gelten zunächst die allgemeinen Rechtsquellen, also: Internationales Recht, insbesondere das EU-Recht – Verfassung – formelle Gesetze – Rechtsverordnungen – Satzungen und das Gewohnheitsrecht einschließlich des Richterrechts.

- Eine wichtige **Besonderheit im Arbeitsrecht** ist, dass auch die **Tarifvertragsparteien** (Gewerkschaften und Arbeitgeberverbände bzw. einzelne Arbeitgeber) sowie die **Betriebsparteien** (Arbeitgeber und Betriebsrat/Personalrat) **Rechtsnormsetzungsbefugnisse** haben (vgl. §§ 3, 4 TVG und § 77 Abs. 4 BetrVG bzw. § 73 BPersVG). Als weitere (kollektivrechtliche) Rechtsquellen des Arbeitsrechts kommen daher **Tarifverträge und Betriebsvereinbarungen** (Betriebsrat) **bzw. Dienstvereinbarungen** (Personalrat) hinzu.

- Da das Arbeitsvertragsrecht ein Teil des Privatrechts ist, können die Arbeitsvertragsparteien ihre Rechtsbeziehung aufgrund der Vertragsautonomie in einem **Arbeitsvertrag** grds. frei regeln, dem in der Praxis auch eine sehr wichtige Rolle zukommt. Bei den arbeitsvertraglichen Regelungen ist aber stets darauf zu achten, dass sie mit den höherrangigen Rechtsquellen vereinbar sind und die Formularverträge darüber hinaus auch einer AGB-Kontrolle standhalten.

- Schließlich ist zu beachten, dass der Arbeitnehmer dem einseitigen **Weisungsrecht** (Direktionsrecht) **des Arbeitgebers nach Maßgabe des § 106 GewO** unterliegt. Das Direktionsrecht ist zwar als ein einseitiger arbeitsrechtlicher Gestaltungsfaktor keine arbeitsrechtliche Rechtsquelle im juristischen Sinne, kann aber den Inhalt des Arbeitsverhältnisses beeinflussen.

II. Rangfolge der arbeitsrechtlichen Rechtsquellen (Gestaltungsfaktoren)

- Europarecht
- Grundgesetz
- Gesetzesrecht
- Tarifvertrag

- Betriebsvereinbarung/Dienstvereinbarungen im öffentlichen Dienst
- Arbeitsvertrag einschließlich Gesamtzusage, betriebliche Übung und arbeitsrechtlicher Gleichbehandlungsgrundsatz
- Weisungsrecht des Arbeitgebers, § 106 GewO

Bei dem dispositiven Gesetzesrecht ist allerdings stets genau zu prüfen, inwieweit das jeweilige Gesetz dispositiv ist. Es gibt nämlich auch Gesetze, die nur durch einen Tarifvertrag abgeändert werden können, nicht dagegen durch den Arbeitsvertrag (vgl. z.B. § 13 Abs. 1 BUrlG).

1. Konkurrenz bei Rechtsquellen verschiedener Rangstufen

Für das **Verhältnis der Rechtsquellen auf verschieden Rangstufen** gilt als Grundsatz das sog. **Rangprinzip**. Danach hat die „ranghöhere" Norm grds. Vorrang vor der „rangniedrigeren" Norm.

Ausnahmen: Abweichungen zugunsten des Arbeitnehmers sind nach dem sog. **Günstigkeitsprinzip** zulässig. Es ist für das Verhältnis zwischen tarif- und arbeitsvertraglichen ausdrücklich in § 4 Abs. 3 TVG, der einen allgemeingültigen Rechtsgedanken enthält, gesetzlich normiert. Abweichungen zuungunsten des Arbeitnehmers sind dagegen nur zulässig, wenn und soweit die höhere Rechtsquelle dispositiv ist, was bei einzelnen Arbeitsrechtsgesetzen trotz des grds. zwingenden Charakters der Arbeitnehmerschutzgesetze der Fall ist (vgl. z.B. § 13 Abs. 1 BUrlG, § 622 Abs. 4 BGB), oder die höhere Rechtsquelle (z.B. Tarifvertrag) eine sog. **Öffnungsklausel** enthält. Bei Vorliegen einer Abweichung von einer höheren Rechtsquelle zum Nachteil des Arbeitnehmers muss daher immer nachgeprüft werden, ob und ggf. inwieweit die höhere Rechtsquelle eine solche Abweichung zulässt, also dispositiv ist.

2. Konkurrenz bei Rechtsquellen auf derselben Rangstufe

Bei **Konkurrenzen von Rechtsquellen auf derselben Rangstufe** (z.B. BundesmantelTV und HausTV) gelten nur das **Spezialitäts- und das Ordnungsprinzip** (= Ablösungsprinzip), d.h. die spezielle (HausTV) bzw. neuere Regelung geht der allgemeineren (BundesmantelTV) bzw. der älteren Regelung vor. Für die Anwendung des **Günstigkeitsprinzips** ist dagegen bei Rechtsquellenkonkurrenz auf derselben Rangstufe **kein Raum**.

C. Einzelne Rechtsquellen im Arbeitsrecht

I. Das Recht der Europäischen Union

Das **EU-Recht** gewinnt im Arbeitsrecht immer mehr an praktischer Bedeutung. **Für das Arbeitsrecht relevante Regelungsbereiche des unmittelbar anwendbaren Primärrechts der EU sind** vor allem das Recht der Freizügigkeit (Art 45 ff. AEUV), der Dienstleistungsfreiheit (Art. 56 ff. AEUV), der Grundsatz gleichen Entgelts für Männer und Frauen bei gleicher Arbeit (Art 157 AEUV) und der Schutz vor Diskriminierungen (Art 18, 19 AEUV). Mit dem Vertrag von Lissabon vom 13.12.2007 wurde zwar die Charta der Grundrechte der EU (GRCh) formell anerkannt und gemäß Art. 6 Abs. 1 EUV gleichrangiger Teil des Primärrechts, ihre praktische Bedeutung für das deutsche Arbeitsrecht ist jedoch noch nicht abschließend geklärt. Zum Primärrecht gehören weiterhin auch die (ungeschriebenen) allgemeinen Grundsätze des Unionsrechts.

Von zunehmender praktischer Relevanz sind auch die auf der EU-Ebene erlassenen **Verordnungen und Richtlinien** (Sekundärrecht). Während die EU-Verordnungen gemäß Art 288 Abs. 2 AEUV unmittelbare Rechtsverbindlichkeit auch gegenüber Privatpersonen der Mitgliedstaaten entfalten, erlangen die EU-Richtlinie innerstaatliche Geltung gegenüber den Privatpersonen grds. erst aufgrund einer entsprechenden Transformation in das nationale Recht. Ausnahmsweise kann sich der Einzelne gegenüber dem Staat auf die EU-Richtlinien auch ohne Transformation berufen, wenn der Staat die EU-Richtlinie nicht innerhalb der vorgesehenen Frist in das nationale Recht umgesetzt hat und die EU-Richtlinie klar und unmissverständlich Rechte einräumt.

Umsetzungen der EU-Richtlinien sind insbesondere in § 613 a BGB sowie im AGG zu finden. Viele arbeitsrechtliche Spezialgesetze basieren auch auf EU-Richtlinien (z.B. ArbZG, AGG, BUrlG) oder werden durch diese beeinflusst. In diesen Fällen ist zu beachten, dass bei Anwendung dieser Gesetze auch die **Auslegung der EG-Richtlinien** durch den EuGH zu berücksichtigen ist (sog. **europarechtskonforme Auslegung**). Da der **EuGH** für die Auslegung des EU-Rechts der **gesetzliche Richter i.S.d. Art. 101 GG** ist, muss spätestens das BAG die entscheidungserhebliche Frage hinsichtlich der **Auslegung des EU-Rechts**, die für eine deutsche Rechtsnorm von Bedeutung ist, **nach Art. 267 Abs. 3 AEUV dem EuGH vorlegen**, was in letzter Zeit auch häufig (z.B. im Urlaubsrecht) erfolgt ist.

II. Das Grundgesetz

Die **Grundrechte** gelten grds. nur im Verhältnis zum Staat unmittelbar, der auch deren Adressat ist. **Zwischen Privatpersonen** gelten dagegen die Grundrechte nach heute ganz h.M. **nur mittelbar.** Insoweit wird von einer sog. **Drittwirkung der Grundrechte** gesprochen, was bedeutet, dass Maßnahmen oder Vereinbarungen, die gegen Grundrechte verstoßen, nicht wegen Verstoßes gegen ein gesetzliches Verbot nach § 134 BGB nichtig sind. Eine **Ausnahme bildet Art. 9 Abs. 3 GG**, der **unmittelbar** gilt.

Die Grundrechte sind aber **wertungsmäßig bei Auslegung und Anwendung der privatrechtlichen Generalklauseln** (z.B. §§ 138, 242, 315 BGB) **und von unbestimmten Rechtbegriffen** (z.B. wichtiger Grund bei § 626 BGB, Sozialwidrigkeit der Kündigung bei § 1 KSchG, Maßregelung i.S.d. § 612 a BGB und Rücksichtnahmepflichten nach § 241 Abs. 2 BGB) **zu berücksichtigen**.

III. Arbeitsrechtliche Gesetze

Für die Geltung arbeitsrechtlicher Gesetze, also Gesetze im formellen Sinne und Rechtsverordnungen einschließlich des Gewohnheitsrechts, sind grds. die allgemeinen Gesetzesregeln maßgeblich. Neben den allgemeinen Bestimmungen, die insbesondere im BGB enthalten sind, gibt es eine Vielzahl von arbeitsrechtlichen Spezialgesetzen für einzelne Rechtsprobleme (z.B. KündigungsschutzG, MutterschutzG, ArbeitszeitG, BundesurlaubsG). Sie sind entsprechend der rechtspolitischen Aufgabe des Arbeitsrechts als Schutzrecht der Arbeitnehmer regelmäßig einseitig zugunsten der Arbeitnehmer zwingend, es sei denn, dass in dem jeweiligen Spezialgesetz geregelt ist, dass und ggf. inwieweit es dispositiv ist. Die arbeitsrechtlichen Spezialgesetze sind dabei grds. nur tarifdispositiv, d.h. sie lassen Abweichungen nur durch tarifliche Regelungen (z.B. § 13 Abs. 1 BUrlG, § 4 Abs. 4 EFZG und § 622 Abs. 4 BGB) zu. Durch einzelvertragliche Regelungen kann zum Nachteil des Arbeitnehmers grds. nur von den auch für das Arbeitsvertragsrecht maßgeblichen Regelungen des BGB (z.B. §§ 616, 622 Abs. 5 BGB) abgewichen werden. Abweichungen von dispositiven Regelungen in Formularverträgen müssen dabei auch einer AGB-Kontrolle nach den §§ 305 ff. BGB standhalten.

Da das Arbeitsrecht nicht zuletzt wegen der fortschreitenden technischen und sozialpolitischen Entwicklungen teilweise recht lückenhaft ist, spielt auch das **Richterrecht (**z.B. Arbeitskampfrecht) eine sehr wichtige Rolle. Es hat aber – anderes als das Gewohnheitsrecht – keine gesetzesgleiche Geltung. Eine bedeutende Funktion haben aber die in st.Rspr. vertretene Rechtsgrundsätze für die Regelungen, die in der arbeitsgerichtlichen Praxis getroffen werden (z.B. Tarifverträge, Arbeitsverträge).

Teilweise wurden richterrechtlich entwickelte Rechtsgrundsätze später vom Gesetzgeber ins geschriebene Recht übernommen (so z.B. zuletzt § 611 a BGB).

IV. Tarifverträge

Tarifverträge sind eine **besondere Rechtsquelle des Arbeitsrechts,** deren praktische Bedeutung sehr groß ist. Gesetzliche Regelungen dazu enthält das **Tarifvertragsgesetz (TVG)**. Tarifverträge sind **schriftliche Verträge zwischen einer Gewerkschaft und einem Arbeitgeberverband** (sog. VerbandsTV) **oder einem einzelnen Arbeitgeber** (sog. Haus- bzw. FirmenTV) zur Regelung der Rechte und Pflichten der Tarifparteien (sog. schuldrechtlicher Teil) sowie zur Regelung von Inhalt, Abschluss und Beendigung von Arbeitsverhältnissen (vgl. § 4 Abs. 1 TVG) sowie von betrieblichen und betriebsverfassungsrechtlichen Fragen (sog. normativer Teil).

1. Wirksamkeitsvoraussetzungen eines Tarifvertrages

Die Wirksamkeitsvoraussetzungen eines Tarifvertrages, für dessen Zustandekommen die allgemeinen Vorschriften des BGB, insbesondere die §§ 145 ff., 164 ff. BGB gelten, sind:

- **Schriftform** gemäß § 1 Abs. 2 TVG, für die die §§ 125, 126 BGB gelten. Die Verletzung der Kundmachungsvorschriften der §§ 6 bis 8 TVG, insbesondere der Bekanntmachungspflicht des § 8 TVG führt nicht zur Unwirksamkeit des Tarifvertrages, da es sich dabei lediglich um Ordnungsvorschriften handelt.

- **Tariffähigkeit** nach § 2 TVG, die auf der Arbeitnehmerseite nur Gewerkschaften und deren Spitzenverbände besitzen. Auf der Arbeitgeberseite sind dies die Arbeitgeberverbände, einzelne Arbeitgeber, die Spitzenverbände sowie kraft gesetzlicher Anordnung die Innungen und Innungsverbände (vgl. §§ 54 Abs. 3 Nr. 1, 82 Nr. 3, 85 Abs. 2 HandwO).

- **Tarifzuständigkeit** der tarifschließenden Vertragsparteien, die sich aus der jeweiligen Satzung des Verbandes ergibt

- **Zulässiger Inhalt der Tarifnormen**

2. Normsetzungsbefugnis der Tarifvertragsparteien

Die Normsetzungsbefugnis der Tarifvertragsparteien (sog. **Tarifautonomie**) beschränkt sich gem. Art. 9 Abs. 3 TVG auf **Regelungen „zur Wahrung und Förderung der Arbeits- und Wirtschaftsbedingungen"**. Dazu gehören die sechs in § 1 Abs. 1 und § 4 Abs. 1, 2 TVG aufgeführten Regelungsbereiche, also Rechte und Pflichten der Tarifvertragsparteien (sog. schuldrechtlicher Teil) und **Rechtsnormen**, die den Inhalt, den Abschluss und die Beendigung von Arbeitsverhältnissen, betriebliche und betriebsverfassungsrechtliche Fragen sowie gemeinsame Einrichtungen der Tarifvertragsparteien ordnen können (sog. normativer Teil).

Die Normsetzungsbefugnis der Tarifvertragsparteien ist außerdem insoweit eingeschränkt, als der Inhalt einer Tarifnorm nicht gegen **höherrangige Rechtsquellen** (EU-Recht, Verfassung, Gesetze) verstoßen darf. Auch wenn Tarifverträge Rechtsnormen enthalten, handelt es sich dabei nicht um (staatliche) Gesetze i.S.d Art. 1 Abs. 3 GG, sodass die Grundrechte nach heute ganz h.M. nicht unmittelbar (Ausnahme: Art. 9 Abs. 3 GG), sondern nur „mittelbar" gelten (sog. **Drittwirkung der Grundrechte**). Aufgrund der **Schutzpflichtfunktion der Grundrechte** sind die Tarifvertragsparteien bei der privatautonom legitimierten Normsetzung verpflichtet, den einzelnen Grundrechtsträger vor einer unverhältnismäßigen Beschränkung seiner Freiheitsrechte und einer gleichheitswidrigen Regelbildung zu bewahren. Bei der Auslegung und Anwendung von Tarifverträgen sind daher die Wertungen der Grundrechte zu berücksichtigen.

Aufgrund der verfassungsrechtlich garantierten **Tarifautonomie** steht den Tarifvertragsparteien bei ihrer Normsetzungsbefugnis ein **großer Gestaltungsspielraum** zu. Da Tarifverträge von zwei im Wesentlichen gleichwertigen Vertragspartnern ausgehandelt werden, kann davon ausgegangen werden, dass die Tarifnormen den Interessen beider Seiten gerecht werden. Tarifverträge genießen daher ein größeres „Richtigkeitsvertrauen" als der Arbeitsvertrag des Einzelnen, sodass bei tariflichen Regelungen nach ganz h.M. eine **Vermutung ihrer materiellen Richtigkeit** besteht.

Da es nicht Aufgabe der Gerichte ist, zu prüfen, ob die Tarifvertragsparteien die gerechteste und zweckmäßigste Regelung getroffen haben, findet **keine gerichtliche Billigkeits- und Zweckmäßigkeitskontrolle** statt (keine Tarifzensur). Bei Tarifverträgen findet deshalb auch **keine AGB-Kontrolle** statt, da gemäß § 310 Abs. 4 S. 3 BGB Rechtsvorschriften i.S.v. § 307 Abs. 3 BGB gleich stehen.

3. Anwendbarkeit des Tarifvertrages auf ein Arbeitsverhältnis

! **Beachte:** Die Anwendbarkeit eines Tarifvertrages auf das einzelne Arbeitsverhältnis muss immer besonders geprüft werden

a) **Tarifverträge** sind zwar wichtige Anspruchsgrundlagen im Arbeitsrecht, sie sind jedoch – anders als Gesetze – **nicht ohne Weiteres auf jedes Arbeitsverhältnis anwendbar**. Vor der Prüfung eines auf eine Tarifregelung gestützten Anspruchs oder einer Rechtsfolge ist daher stets zu prüfen, ob der Tarifvertrag in räumlicher, sachlicher, zeitlicher und persönlicher Hinsicht auf das konkrete Arbeitsverhältnis auch anwendbar ist. Der Anwendungsbereich eines Tarifvertrages nach diesen Kriterien wird regelmäßig von den Tarifvertragsparteien aufgrund der ihnen zustehenden Tarifautonomie in dem Tarifvertrag geregelt (vgl. auch § 4 a TVG).

b) Die **Anwendbarkeit eines Tarifvertrages auf das Arbeitsverhältnis** des einzelnen Arbeitnehmers, setzt voraus, dass

- beide Arbeitsvertragsparteien tarifgebunden sind, § 3 Abs.1 TVG (vgl. aber auch § 3 Abs. 2 TVG),
- der Tarifvertrag allgemeinverbindlich ist, § 5 TVG, oder
- die Arbeitsvertragsparteien die Anwendung des Tarifvertrages (insgesamt oder teilweise) einzelvertraglich vereinbart haben.

aa) Sind tarifliche Regelungen **aufgrund beiderseitiger Tarifbindung nach § 3 Abs. 1 TVG oder einer Allgemeinverbindlichkeitserklärung** nach § 5 TVG, die die beiderseitige Tarifbindung ersetzt, anwendbar, dann gelten sie nach Maßgabe des **§ 4 TVG normativ und zwingend** (vgl. § 4 Abs. 1, 3 TVG). Eine Abweichung im Arbeitsvertrag ist nur zulässig, wenn der Tarifvertrag sie gestattet oder sie für den Arbeitnehmer günstiger ist, § 4 Abs. 3 TVG.

Die Tarifgebundenheit besteht nach **§ 3 Abs. 3 TVG** solange, bis der Tarifvertrag endet (sog. **Nachbindung).** Eine Vertragspartei kann sich daher durch einen Austritt aus dem Arbeitgeberverband bzw. der Gewerkschaft der zwingenden Wirkung des während der Mitgliedschaft vereinbarten Tarifvertrages nicht entziehen.

Endet dagegen ein Tarifvertrag, ohne dass ein neuer Tarifvertrag vereinbart wird, gelten die bisherigen Tarifregelungen aufgrund der durch **§ 4 Abs. 5 TVG** gesetzlich angeordneten **Nachwirkung** weiter, bis sie durch eine "andere Abmachung" ersetzt werden. Die nur nachwirkenden Tarifregelungen haben aber keine zwingende Wirkung des § 4 Abs. 1 TVG mehr. Einzelvertragliche Abweichungen zum Nachteil des Arbeitnehmers sind daher grds. zulässig.

bb) **Bei einzelvertraglicher Vereinbarung** der Geltung eines Tarifvertrages haben die **tariflichen Regelungen** dagegen keinen

Rechtsnormcharakter i.S.d. § 4 TVG, sondern **nur den Rang des Arbeitsvertrages.** Durch die Bezugnahme auf einen Tarifvertrag wird nur davon abgesehen, den Inhalt der tariflichen Regelungen im Arbeitsvertrag wiederzugeben. Der Arbeitsvertrag kann also auch einzelne vom Tarifvertrag zum Nachteil des Arbeitnehmers abweichende Regelungen enthalten und im Übrigen auf den Tarifvertrag verweisen.

Bei einer sog. **Globalverweisung** auf den gesamten Tarifvertrag findet nach nahezu einhelliger Ansicht – wie bei der normativen Geltung – keine Inhaltskontrolle nach §§ 307 ff. BGB statt, da auch in diesem Fall die Richtigkeitsvermutung besteht. Außerdem wird dadurch eine mittelbare Tarifzensur verhindert, da die AGB-Kontrolle strenger ist als die bloße Rechtskontrolle. Eine solche „Zweiklassenkontrolle" bei inhaltlich gleichen Regelungen würde zu einer mit Art. 9 Abs. 3 GG nicht zu vereinbarenden Benachteiligung organisierter Arbeitnehmer führen. Aus den gleichen Gründen findet eine Inhaltskontrolle auch dann nicht statt, wenn auf einen **in sich abgeschlossenen tariflichen Regelungskomplex** verwiesen wird. Liegt dagegen eine **bloß punktuelle Bezugnahme** auf einzelne Tarifnormen (z.B. Verfallfristen) vor, findet dagegen nach h.M. eine **Inhaltskontrolle nach §§ 307 ff. BGB** statt, da die Richtigkeitsvermutung grds. nur für den Tarifvertrag als Gesamtheit bzw. für die in sich abgeschlossene Regelungskomplexe gilt.

Wird im Arbeitsvertrag die **Geltung des „jeweiligen Tarifvertrages in der jeweils gültigen Fassung" vereinbart**, was zulässig ist, ist diese sog. **dynamische Bezugnahme** auch für einen Betriebserwerber bei einem Betriebsübergang nach § 613 a BGB verbindlich. Diese Bezugnahmeklausel ist in Arbeitsverträgen, die vor dem Inkrafttreten der Schuldrechtsreform (01.01.2002) von einem tarifgebundenen Arbeitgeber abgeschlossen wurden (sog. **Altverträge**), nach h.M. aus Gründen des Vertrauensschutzes als sog. **Gleichstellungsabrede** auszulegen. Das bedeutet, dass die dynamische Bezugnahme auf den „jeweils gültigen Tarifvertrag" entsprechend der st.Rspr. vor der Schuldrechtsreform nur solange gilt, solange die Tarifbindung des Arbeitgebers nach § 3 Abs. 1 TVG besteht, da nur die Gleichstellung der nicht gewerkschaftlich organisierten Arbeitnehmer mit den Gewerkschaftsmitgliedern gewollt war.

! **Beachte:** Bezugnahmen auf „jeweils gültige TV" im Arbeitsvertrag mit einem tarifgebundenen Arbeitgeber haben bei vor der Schulrechtsreform abgeschlossenen Arbeitsverträgen eine andere Bedeutung als bei Arbeitsverträgen, die nach der Schuldrechtsreform abgeschlossen wurden.

War der Arbeitgeber nicht tarifgebunden oder wurde auf einen nicht normativ geltenden branchen- bzw. ortsfremden Tarifvertrag verwiesen, scheidet auch bei „Altverträgen" eine Auslegung als Gleichstellungsabrede aus. Denn es war mangels normativer Bindung des Arbeitgebers „nichts gleichzusetzen".

V. Betriebsvereinbarungen

Sie sind ebenfalls eine spezielle arbeitsrechtliche Rechtsquelle. Es sind **Vereinbarungen des Arbeitgebers mit dem Betriebsrat**, deren **Einzelheiten § 77 BetrVG** regelt. Sie bedürfen zu ihrer Wirk-

2. Abschnitt — Die Rechtsquellen des Arbeitsrechts

samkeit gemäß § 77 Abs. 4 BetrVG der **Schriftform**. Ihre **Rechtsnormen** gelten im Betrieb gemäß § 77 Abs. 4 BetrVG **unmittelbar und zwingend**. Wegen ihres Rechtsnormcharakters werden sie oft als **„Gesetze des Betriebes"** bezeichnet und kommen daher ebenfalls als **Anspruchsgrundlagen** in Betracht.

1. Regelungsbefugnis der Betriebsparteien

a) Die Regelungsbefugnis der Betriebsparteien erstreckt sich **in sachlicher Hinsicht** in erster Linie auf Angelegenheiten, in denen der Betriebsrat Beteiligungsrechte nach dem BetrVG hat. Außerdem kann zulässiger Inhalt einer Betriebsvereinbarung grds. alles sein, was auch Inhalt eines Tarif- oder Arbeitsvertrages sein könnte.

! **Beachte:** Beim Verstoß gegen § 77 Abs. 3 BetrVG ist für die Anwendung des Günstigkeitsprinzips kein Raum.

Eine wichtige **Einschränkung der Regelungsbefugnis der Betriebsparteien** enthält die in **§ 77 Abs. 3 BetrVG** angeordnete **Regelungssperre zugunsten der Tarifautonomie.** Danach dürfen Gegenstand einer Betriebsvereinbarung nicht Arbeitsentgelte und sonstige Arbeitsbedingungen sein, die durch einen Tarifvertrag geregelt sind (Arbeitgeber ist tarifgebunden) oder üblicherweise geregelt werden, die also gelten würden, wenn der Arbeitgeber Mitglied des zuständigen Arbeitgeberverbandes wäre. Beim Verstoß gegen § 77 Abs. 3 BetrVG sind die Regelungen der Betriebsvereinbarung unwirksam, wenn sie für die Arbeitnehmer günstiger sind.

Im Bereich der **Mitbestimmung in sozialen Angelegenheiten nach § 87 Abs. 1 BetrVG** ist die Regelungsbefugnis der Betriebsparteien nach h.M. durch eine bloße Tarifüblichkeit nicht eingeschränkt – sog. **Anwendungsvorrang des § 87 Abs. 1 BetrVG vor Tarifüblichkeit i.S.d. § 77 Abs. 3 BetrVG.**

c) Rechtsnormen einer erzwingbaren Betriebsvereinbarung haben nach ihrem Ablauf nach Maßgabe des **§ 77 Abs. 6 BetrVG** eine den Tarifverträgen entsprechende **Nachwirkung**, die nach h.M. durch die Betriebsparteien ausgeschlossen werden kann.

2. Umfang der Wirksamkeitskontrolle

Betriebsvereinbarungen unterliegen einer **über § 75 Abs. 1 BetrVG** vermittelten gerichtlichen **Rechtskontrolle** auf Vereinbarkeit mit höherrangigen Rechtsquellen, bei der auch das Verhältnismäßigkeitsprinzip zu beachten ist.

Eine **Inhaltskontrolle** nach §§ 307 ff. BGB findet dagegen bei Betriebsvereinbarungen gemäß **§ 310 Abs. 4 BGB nicht statt.**

Vorgehen bei der Prüfung eines auf einen Tarifvertrag oder eine Betriebsvereinbarung gestützten Anspruchs:

- Bestehen eines Arbeitsverhältnisses
- Anwendbarkeit des Tarifvertrages/der Betriebsvereinbarung auf das konkrete Arbeitsverhältnis
- Voraussetzungen der anspruchsbegründenden Norm erfüllt
- Wirksamkeit des Tarifvertrages/der Betriebsvereinbarung

VI. Der Arbeitsvertrag

1. Arbeitsvertragliche Vereinbarungen

Der Arbeitsvertrag i.S.d. § 611 a BGB spielt ebenfalls eine sehr wichtige Rolle als arbeitsrechtliche Rechtsquelle und damit auch als eine Anspruchsgrundlage. Existiert ein (schriftlicher) Arbeitsvertrag, muss genau nachgeprüft werden, ob die entscheidungserhebliche Frage in dem Arbeitsvertrag geregelt ist und die Regelung auch wirksam ist. Insoweit ist zu prüfen, ob die vertraglichen Regelungen mit höherrangigen Rechtsquellen, insbesondere den arbeitsrechtlichen Spezialgesetzen vereinbar sind und Formularverträge einer AGB-Kontrolle standhalten (vgl. dazu unten S. 28 ff.).

a) Vertragliche Ansprüche begründet auch die sog. **Gesamtzusage**. Hierbei handelt es sich um eine einseitige Erklärung des Arbeitgebers an alle Arbeitnehmer oder einen nach abstrakten Merkmalen bestimmten Teil von ihnen in allgemeiner Form (z.B. Aushang am „schwarzen Brett", Bekanntgabe im Intranet) bestimmte zusätzliche Leistungen (z.B. Weihnachtsgeld, Sonderzahlung) erbringen zu wollen. Das in der Gesamtzusage liegende Vertragsangebot des Arbeitgebers an die einzelnen Arbeitnehmer nehmen diese stillschweigend an, ohne dass es einer ausdrücklichen Annahmeerklärung gegenüber dem Arbeitgeber bedarf (§ 151 BGB).

b) Einzelvertragliche Ansprüche können auch durch eine **betriebliche Übung** begründet werden. Darunter versteht man die regelmäßige Wiederholung eines bestimmten Verhaltens des Arbeitgebers, aus welcher die Arbeitnehmer schließen können, dass ihnen die aufgrund dieser Verhaltensweise gewährten Leistungen auch in Zukunft dauerhaft gewährt werden sollen. Rechtsdogmatisch handelt es sich dabei nach h.M. (Vertragstheorie) um eine (konkludente) Willenserklärung des Arbeitgebers, die von den Arbeitnehmern stillschweigend gemäß § 151 BGB angenommen wird.

Entscheidend für die Entstehung eines Anspruchs aus betrieblicher Übung ist nicht der Verpflichtungswille des Arbeitgebers, sondern wie die Arbeitnehmer das Verhalten des Arbeitgebers nach Treu und Glauben unter Berücksichtigung aller Begleitumstände verstehen durften.

Bei jährlichen Sonderzahlungen wird grds. durch eine mindestens **dreimalige vorbehaltlose Gewährung** ein Anspruch der Arbeitnehmer auf Sonderzahlung auch in der Zukunft begründet, wenn nicht die Umstände des Falles eine andere Auslegung bedingen. **Bei laufenden Zahlungen** muss im Einzelfall genau geprüft werden, ab wann der Bindungswille des Arbeitgebers angenommen werden kann. Es gibt also keine allgemein verbindliche Regel, ab welcher Anzahl von Leistungen der Arbeitnehmer auf die Fortgewährung einer Leistung auch an ihn schließen darf.

Eine betriebliche Übung kann nur dann entstehen, wenn es an einer anderen Rechtsgrundlage für die Leistung fehlt.

Das Entstehen einer betrieblichen Übung ist auch dann ausgeschlossen, wenn der Arbeitgeber erkennbar aufgrund einer lediglich vermeintlichen Verpflichtung aufgrund einer anderen Rechtsgrundlage die Leistung erbringt (sog. **Wille zum Normvollzug**).

2. Arbeitsrechtlicher Gleichbehandlungsgrundsatz

Der arbeitsrechtlicher Gleichbehandlungsgrundsatz gehört zu den tragenden Prinzipien des Arbeitsrechts. Er schränkt die Gestaltungsmacht des Arbeitgebers ein und verpflichtet ihn, vergleichbare Arbeitnehmer grds. gleich zu behandeln. Hauptanwendungsfall sind Maßnahmen, die der einseitigen Gestaltungsmacht des Arbeitgebers unterliegen (z.B. Sonderzahlungen), also dort, wo der **Arbeitgeber die Arbeitnehmer „behandelt"**. In diesen Fällen darf der Arbeitgeber vergleichbare Sachverhalte nicht willkürlich unterschiedlich behandeln. Vielmehr muss für die vorgenommene Differenzierung ein sachlicher Rechtfertigungsgrund vorliegen.

Da die **Vertragsfreiheit Vorrang** vor dem Gleichbehandlungsgrundsatz hat, ist er nicht anwendbar, wenn der Arbeitgeber Vertragsbedingungen mit einzelnen Arbeitnehmern ausgehandelt hat. Er gilt insbesondere nicht bei individuellen Lohnvereinbarungen und bei Einstellungen.

Der arbeitsrechtliche Gleichbehandlungsgrundsatz gehört zum Privatrecht, hat anspruchsbegründende Wirkung und bestimmt deshalb den Inhalt des Arbeitsverhältnisses. Beim Verstoß des Arbeitgebers gegen den arbeitsrechtlichen Gleichbehandlungsgrundsatz steht dem benachteiligten Arbeitnehmer grds. ein **Anspruch auf Gewährung der vorenthaltenen Leistung** zu.

Check: Rechtsquellen des Arbeitsrechts

1. Welche Rechtsquellen können bei der Lösung eines arbeitsrechtlichen Falles von Bedeutung sein?

1. Europarecht, Grundgesetz, Gesetzesrecht, Tarifvertrag, Betriebsvereinbarung/Dienstvereinbarungen im öffentlichen Dienst, Arbeitsvertrag einschließlich Gesamtzusage, betrieblicher Übung und des arbeitsrechtlichen Gleichbehandlungsgrundsatzes sowie Weisungsrecht des Arbeitgebers nach § 106 GewO.

2. Wie ist die Konkurrenz bei einschlägigen Rechtsquellen verschiedener Rangstufen aufzulösen?

2. Nach dem sog. Rangprinzip hat die „ranghöhere" grds. Vorrang vor der „rangniedrigeren" Norm. Abweichungen zugunsten des Arbeitnehmers nach dem sog. Günstigkeitsprinzip zulässig, zu Lasten des Arbeitnehmers nur wenn die höhere Rechtsquelle sie zulässt.

3. Wie ist die Konkurrenz bei einschlägigen Rechtsquellen derselben Rangstufe aufzulösen?

3. Nach dem Spezialitäts- und Ordnungsprinzip (=Ablösungsprinzip), d.h. die spezielle bzw. neuere Regelung geht der allgemeineren bzw. der älteren Regelung vor. Für das Günstigkeitsprinzip besteht kein Raum.

4. Welche Regelungsbereiche des Primärrechts der EU sind für das Arbeitsrecht von besonderer Bedeutung?

4. Das Recht der Freizügigkeit (Art. 45 ff. AEUV), Dienstleistungsfreiheit (Art. 56 ff. AEUV), Grundsatz gleichen Entgelts für Männer und Frauen (Art. 157 AEUV) und Schutz vor Diskriminierungen (Art. 18, 19 AEUV).

5. Sind die Grundrechte im Privatrechtsverkehr unmittelbar anwendbar?

5. Nach h.M. mit Ausnahme des Art. 9 Abs. 3 GG nicht. Grundrechte sind aber wertungsmäßig bei Auslegung/Anwendung der privatrechtlichen Generalklauseln (z.B. §§ 138, 242 BGB) und von unbestimmten Rechtbegriffen (z.B. wichtiger Grund, § 626 BGB) zu beachten.

6. Sind arbeitsrechtlichen Spezialgesetze grds. dispositiv?

6. Nein, da es i.d.R. zwingende Schutzgesetze zugunsten der Arbeitnehmer sind. Abweichung zum Nachteil der Arbeitnehmer grds. nur dann und nur insoweit zulässig, als das spezielle Gesetz sie ausdrücklich zulässt.

7. Welche sind die formellen Wirksamkeitsvoraussetzungen eines Tarifvertrages?

7. Schriftformerfordernis des § 1 Abs. 2 TVG, Tariffähigkeit (§ 2 TVG) und Tarifzuständigkeit der Vertragsparteien

8. Inwieweit sind Tarifnormen auf ihre inhaltliche Zulässigkeit überprüfbar?

8. Grds. nur Rechtskontrolle auf Vereinbarkeit mit höherrangigem Recht; keine Billigkeits- und Zweckmäßigkeits- und auch keine AGB-Kontrolle, Tarifverträge stehen Rechtsvorschriften gleich, § 310 Abs. 4 S. 3 BGB.

9. Wann sind Tarifverträge auf das einzelne Arbeitsverhältnis anwendbar?

9. Wenn beide Arbeitsvertragsparteien tarifgebunden sind (§ 3 Abs.1 TVG), der Tarifvertrag allgemeinverbindlich ist (§ 5 TVG) oder im Arbeitsvertrag vereinbart ist, dass Tarifregelungen (insgesamt oder teilweise) gelten.

Check: Rechtsquellen des Arbeitsrechts (Fortsetzung)

10. Was ist zu beachten, wenn im Arbeitsvertrag die Geltung des „Tarifvertrages in der jeweils gültigen Fassung" vereinbart wurde?

10. Diese Bezugnahmeklauseln sind bei nach der Schuldrechtsreform (01.01.2002) abgeschlossenen Verträgen wörtlich zu nehmen, also dynamische Bezugnahme auf den jeweils gültigen Tarifvertrag. Vorher von einem tarifgebundenen Arbeitgeber abgeschlossene „Altverträge" sind nach h.M. aus Gründen des Vertrauensschutzes als sog. Gleichstellungsabrede auszulegen. Danach besteht die dynamische Bezugnahme nur solange die Tarifbindung des Arbeitgebers nach § 3 Abs. 1 TVG besteht.

11. Wodurch unterscheidet sich die sog. Nachbindung von der sog. Nachwirkung eines Tarifvertrages?

11. Bei der Nachbindung nach § 3 Abs. 3 TVG gelten die Tarifnormen solange unmittelbar und zwingend (§ 4 Abs. 1 TVG), bis der Tarifvertrag endet. Bei der Nachwirkung nach § 4 Abs. 5 TVG gelten nach Beendigung des Tarifvertrages die Tarifregelungen zwar weiter, aber nicht mehr zwingend. Sie können daher auch zum Nachteil des Arbeitnehmers abgeändert werden.

12. Was ist unter einer Betriebsvereinbarung zu verstehen?

12. Vereinbarungen des Arbeitgebers mit dem Betriebsrat, die nach § 77 Abs. 4 BetrVG der Schriftform bedürfen und Rechtsnormen enthalten, die im Betrieb unmittelbar und zwingend gelten.

13. Was versteht man unter der Regelungssperre zugunsten der Tarifautonomie?

13. Die in § 77 Abs. 3 BetrVG angeordnete Einschränkung der Regelungsbefugnis der Betriebsparteien.

14. Findet bei Betriebsvereinbarungen eine Inhaltskontrolle nach §§ 307 ff. BGB statt?

14. Nein, aufgrund der Regelung in § 310 Abs. 4 BGB.

15. Was versteht man unter einer Gesamtzusage?

15. Eine einseitige Erklärung des Arbeitgebers an alle Arbeitnehmer oder einen nach abstrakten Merkmalen bestimmten Teil von ihnen in allgemeiner Form, bestimmte zusätzliche Leistungen (z.B. Weihnachtsgeld) erbringen zu wollen. Diese Zusage wird von den Arbeitnehmern stillschweigend angenommen, § 151 BGB.

16. Was versteht man unter einer betrieblichen Übung?

16. Regelmäßige Wiederholung bestimmten Verhaltens des Arbeitgebers, aus welchem Arbeitnehmer schließen können, dass ihnen die Leistungen auch in Zukunft gewährt werden sollen. Stillschweigende Annahme dieser konkludenten Willenserklärung des Arbeitgebers durch die Arbeitnehmer, § 151 BGB.

17. Was versteht man unter dem arbeitsrechtlichen Gleichbehandlungsgrundsatz?

17. Verpflichtung des Arbeitgebers, vergleichbare Arbeitnehmer grds. gleich zu behandeln. Bei Differenzierung ohne sachlichen Rechtfertigungsgrund grds. Anspruch des benachteiligten Arbeitnehmers auf Gewährung der vorenthaltenen Leistung.

3. Abschnitt: Begründung und Mängel des Arbeitsverhältnisses

A. Begründung des Arbeitsverhältnisses

I. Geltung der Regeln der allgemeinen Vertragslehre

Das Arbeitsverhältnis wird nach der heute allgemein vertretenen **Vertragstheorie** durch den **Abschluss des Arbeitsvertrages** i.S.d. § 611 a BGB begründet. Für beide Arbeitsvertragsparteien gelten – wie für jeden anderen schuldrechtlichen Vertrag auch – die **Regelungen der allgemeinen Vertragslehre**, insbesondere über die Willenserklärungen (§§ 104 ff. BGB), Angebot und Annahme (§§ 145 ff. BGB) und Stellvertretung (§§ 164 ff. BGB). Voraussetzung ist daher, dass sich Arbeitgeber und Arbeitnehmer über die wesentlichen Vertragsbedingungen geeinigt haben. Dazu gehören grds. Art, Ort und Umfang der Tätigkeit sowie die Vergütung.

Eine **bestimmte Form** ist **für den Abschluss des Arbeitsvertrages gesetzlich nicht vorgeschrieben**, sodass er auch mündlich und sogar stillschweigend durch die bloße Aufnahme der Arbeitstätigkeit abgeschlossen werden kann. Mangels abweichender Vereinbarungen gelten die betriebsüblichen Arbeitsbedingungen und nach § 612 BGB jedenfalls die übliche Vergütung als stillschweigend vereinbart.

Etwas anderes ergibt sich auch aus § 2 NachweisG, wie die darin geregelte Verpflichtung zur nachträglichen Aushändigung der Vertragsniederschrift zeigt.

II. Abschluss- und inhaltliche Gestaltungsfreiheit

Der **Grundsatz der Vertragsfreiheit** gilt auch im Arbeitsvertragsrecht, d.h. die Arbeitsvertragsparteien können grds. frei bestimmen, ob, mit wem (Abschlussfreiheit) und mit welchem Inhalt (inhaltliche Gestaltungsfreiheit) sie einen Arbeitsvertrag abschließen. Während aber die **Abschlussfreiheit** grds. keinen rechtlichen Beschränkungen unterliegt, wird die **inhaltliche Gestaltungsfreiheit** durch zahlreiche Arbeitnehmerschutzgesetze eingeschränkt.

1. Die Abschlussfreiheit

a) Die **Abschlussfreiheit des öffentlichen Arbeitgebers** ist allerdings durch **Art. 33 Abs. 2 GG** rechtlich insoweit eingeschränkt, als Eignung, Befähigung und fachliche Leistung entscheiden sollen, wenn es um die Besetzung eines öffentlichen Amts geht (**Prinzip der Bestenauslese**). Der bestgeeignete Bewerber hat auch einen **Einstellungsanspruch**, der grds. auch im Wege der einstweiligen Verfügung durchgesetzt werden kann, aber nur solange die Stelle noch nicht anderweitig besetzt wurde. Danach können dem verfahrensfehlerhaft zurückgewiesenen Bewerber grds. nur Schadensersatzansprüche aus § 280 Abs. 1 BGB und § 823 Abs. 2 BGB i.V.m. Art. 33 Abs. 2 GG zustehen, wenn die besetzte Stelle ihm hätte übertragen werden müssen.

Für den **privaten Arbeitgeber gilt Art. 33 Abs. 2 GG auch nicht analog**.

b) Eine gewisse **Einschränkung der Abschlussfreiheit** des Arbeitgebers enthält **§ 78 a BetrVG** bzw. **§ 9 BPersVG** für den öffentlichen Arbeitgeber insoweit, als Auszubildenden, die Mitglied einer Jugend- und Auszubildendenvertretung oder des Betriebsrats/Personalrats sind, nach Maßgabe des § 78 a BetrVG bzw. § 9 BPersVG ein einklagbarer Anspruch auf Begründung eines Arbeitsverhältnisses zusteht.

Nach § 154 Abs. 1 SGB IX haben zwar Arbeitgeber, die mindestens über 20 Arbeitsplätze verfügen, auf wenigstens 5% der Arbeitsplätze schwerbehinderte Menschen zu beschäftigen. Aus der Verpflichtung zur Beachtung dieser Pflichtquote folgt jedoch kein Einstellungsanspruch der Schwerbehinderten. Vielmehr muss der Arbeitgeber bei Nichteinhaltung der Pflichtquote eine Ausgleichsabgabe nach § 160 SGB IX zahlen.

c) Eine **weitere Einschränkung der Abschlussfreiheit des Arbeitgebers** ergibt sich aus **§ 9 TzBfG**. Danach muss der Arbeitgeber eine Teilzeitkraft, die ihm den Wunsch nach Verlängerung der Arbeitszeit angezeigt hat, bei der Besetzung eines freien Arbeitsplatzes bei gleicher Eignung bevorzugt berücksichtigen, es sei denn, dass dringende betriebliche Gründe oder Arbeitszeitwünsche anderer teilzeitbeschäftigter Arbeitnehmer entgegenstehen. Dieser Anspruch der Teilzeitkraft auf Verlängerung der Arbeitszeit ist grds. auch im Wege der einstweiligen Verfügung durchsetzbar, solange der Arbeitsplatz noch nicht anderweitig besetzt wurde. Insoweit sind die Grundsätze der sog. Konkurrentenklage entsprechend anwendbar. Bei Besetzung des freien Arbeitsplatzes geht zwar der Aufstockungsanspruch der Teilzeitkraft aus § 9 TzBfG nach § 275 Abs. 1 BGB unter. Beim schuldhaften Verstoß des Arbeitgebers gegen § 9 TzBfG kann aber der unberücksichtigten Teilzeitkraft ein Schadensersatzanspruch aus §§ 280 Abs. 1, 3, 283 BGB zustehen.

d) Im Stellenbesetzungsverfahren besteht zwar nach **§ 7 Abs. 1 AGG** ein **Verbot der Diskriminierung aus den in § 1 AGG genannten Gründen.** Dem unter Verstoß gegen das Diskriminierungsverbot nicht eingestellten Bewerber steht allerdings nach **§ 15 Abs. 6 AGG kein Einstellungsanspruch** zu. Es kommen lediglich Entschädigungs- und Schadensersatzansprüche nach Maßgabe von § 15 Abs. 1, 2 AGG in Betracht.

e) Eine Zustimmung Dritter ist grds. keine Wirksamkeitsvoraussetzung für den Abschluss eines Arbeitsvertrages. Es können aber Beschäftigungsverbote bestehen.

- In Betrieben mit i.d.R. mehr 20 Arbeitnehmern bedarf zwar die Einstellung eines Arbeitnehmers der **Zustimmung des gewählten Betriebsrates** nach Maßgabe des **§ 99 BetrVG**. Der ohne die Zustimmung abgeschlossene **Arbeitsvertrag** ist aber nach ganz h.M. **wirksam**. Der Arbeitgeber darf allerdings den Arbeitnehmer nicht beschäftigen, gerät bei Nichtbeschäftigung in Annahmeverzug und muss den Annahmeverzugslohn nach § 611 a Abs. 2 BGB i.V.m. § 615 BGB zahlen.

- **Arbeitsverträge mit Ausländern außerhalb der EU** bedürfen nach § 4 AufenthaltsG der Arbeitserlaubnis (vgl. auch § 284 Abs. 1 SGB II für Staatsangehörige der neuen EU-Staaten). Der ohne die erforderliche Arbeitserlaubnis abgeschlossene Arbeitsvertrag ist jedoch wirksam und es besteht „nur" ein Beschäftigungsverbot. Da aber der Arbeitnehmer nicht leistungsfähig (§ 297 BGB) ist, gerät der Arbeitgeber nicht in Annahmeverzug und muss daher den Annahmeverzugslohn nicht zahlen.

2. Die inhaltliche Gestaltungsfreiheit

a) Einschränkungen durch höherrangige Rechtsquellen

Die inhaltliche Gestaltungsfreiheit wird im Arbeitsvertragsrecht zum einen durch **zahlreiche Arbeitnehmerschutzbestimmungen** eingeschränkt, die regelmäßig zwingend sind (vgl. z.B. § 12 EFZG, § 13 Abs. 1 BUrlG). Durch diese Arbeitnehmerschutzbestimmungen werden gesetzliche Mindeststandards festgeschrieben. Die inhaltliche Gestaltungsfreiheit wird darüber hinaus häufig auch durch vorrangige **Tarifvertragsnormen** bei beiderseitiger Tarifbindung (§ 3 Abs. 1 TVG) bzw. Allgemeinverbindlichkeit (§ 5 TVG) und durch **Betriebsvereinbarungen** (§ 77 Abs. 4 BetrVG) eingeschränkt. Außerdem ist auch zu berücksichtigen, dass es sich bei Arbeitsverträgen jedenfalls i.d.R. um **Formularverträge** handelt und der **Arbeitnehmer Verbraucher i.S.d. § 13 BGB** ist (vgl. auch § 310 Abs. 3 BGB), sodass auch eine **AGB-Kontrolle** nach den **§§ 305 ff. BGB** stattfindet.

Bei der Prüfung einer sich nach dem Vertragsinhalt ergebenden arbeitsrechtlichen Rechtsfolge bzw. eines Anspruchs muss daher immer zumindest gedanklich kurz geprüft werden, ob die vertragliche Regelung mit den höherrangigen Rechtsquellen vereinbar ist und einer AGB-Kontrolle nach §§ 305 ff. BGB standhält.

Enthält der Arbeitsvertag eine für den Arbeitnehmer ungünstige Abweichung von der höherrangigen Rechtsquelle, ist Vertragsregelung insoweit nach § 134 BGB nichtig, sodass sich die Rechtsfolge aus der einschlägigen höherrangigen Rechtsnorm ergibt bzw. die günstigen Rechtsfolgen einschränkende oder ausschließende Vertragsregelung ersatzlos entfällt.

b) AGB-Kontrolle im Arbeitsvertragsrecht – Einzelne Vertragsklauseln

aa) Im Arbeitsvertragsrecht findet zwar – wie bei anderen zivilrechtlichen Verträgen auch – eine AGB-Kontrolle nach den §§ 305 ff. BGB statt. Zu berücksichtigen sind aber **folgende Besonderheiten**:

- Es findet nach **§ 305 Abs. 2, 3 BGB keine sog. Einbeziehungskontrolle** statt, sodass für die Einbeziehung von Formularregelungen, jede, auch eine stillschweigende, Übereinkunft genügt. Deshalb findet die AGB-Kontrolle auch bei Gesamtzusagen und bei betrieblicher Übung statt.

- Der **Arbeitnehmer ist Verbraucher** i.S.d. § 13 BGB, sodass eine **AGB-Kontrolle nach § 305 c Abs. 2 BGB** (Unklarheitsregel) und die **Inhaltskontrolle nach §§ 307 ff. BGB beim Vorliegen der Voraussetzungen des § 310 Abs. 3 BGB** stattfindet, insbesondere auch bei vorformulierten Vertragsbedingungen, die nur zur einmaligen Verwendung bestimmt sind, soweit der Arbeitnehmer auf diese Vertragsbedingungen keinen Einfluss nehmen konnte, § 310 Abs. 3 Nr. 2 BGB.

- Bei formularmäßigen Abreden zu den **Hauptleistungspflichten**, insbesondere zum Umfang der Arbeitspflicht und Vergütungsregelungen, gilt der Grundsatz der **Vertragsfreiheit**, sodass regelmäßig gemäß § 307 Abs. 3 BGB **keine Inhaltskon-**

trolle nach § 307 Abs. 1 S. 1 BGB, §§ 308, 309 BGB stattfindet, wohl **aber** eine **Transparenzkontrolle nach § 307 Abs. 1 S. 2 BGB**.

- Einer **Inhaltskontrolle** unterliegen aber **einseitige Leistungsbestimmungsrechte**, die dem Verwender das Recht einräumen, die Hauptleistungspflichten einzuschränken, zu verändern oder zu modifizieren, da sie von dem allgemeinen Grundsatz pacta sunt servanda abweichen.

- Bei der **Inhaltskontrolle** der einzelnen Vertragsklauseln sind **gemäß § 310 Abs. 4 S. 2 BGB arbeitsrechtliche Besonderheiten angemessen zu berücksichtigen**, was auch dazu führen kann, dass eine nach allgemeinem AGB-Recht unwirksame Klausel wegen arbeitsrechtlicher Besonderheiten als wirksam anzusehen ist.

bb) Die wichtigsten Formularklauseln in Arbeitsverträgen, bei denen insbesondere auch die arbeitsrechtlichen Besonderheiten zu berücksichtigen sind, sind vor allem:

- **Vertragsstraferegelungen** (§§ 339 ff. BGB) sind abweichend von § 309 Nr. 6 BGB wegen arbeitsrechtlicher Besonderheiten (fehlende Vollstreckbarkeit der Arbeitspflicht nach § 888 Abs. 3 ZPO) nicht generell unwirksam. Sie müssen aber klar formuliert werden und insbesondere die sie auslösende Pflichtverletzung so klar bezeichnen, dass sich der Arbeitnehmer in seinem Verhalten darauf einstellen kann. Sie dürfen nicht zu weit gefasst sein und deren Höhe darf grds. die während der Kündigungsfrist erzielbare Vergütung nicht überschreiten.

- **Verfallfristen**, die einen Anspruchsuntergang nach Fristablauf zur Folge haben, sind im Arbeitsleben üblich und auch in Formularverträgen grds. zulässig. Sie müssen aber nach der Vertragsgestaltung deutlich erkennbar sein (z.B. Überschrift), grds. an die Fälligkeit des Anspruchs anknüpfen, dürfen eine **Mindestfrist von drei Monaten** nicht unterschreiten und nicht zu weit gefasst sein, insb. auch nicht den unabdingbaren Mindestlohn (§ 3 MiLoG) sowie Ansprüche wegen vorsätzlicher Pflichtverletzungen (§ 202 BGB) erfassen. Zulässig sind nach diesen Kriterien grds. auch sog. **zweistufige Verfallfristen**, die in der zweiten Stufe die gerichtliche Geltendmachung vorsehen.

! **Beachte:** Ablauf einer Verfallfrist führt zum Erlöschen des Anspruchs. Die Verfallfrist ist eine von Amts wegen zu berücksichtigende rechtsvernichtende Einwendung. Sie begründet also nicht nur – wie die Verjährung – eine Einrede (§ 214 Abs. 1 BGB), die geltend gemacht werden muss.

- **Widerrufsvorbehalte** bei zusätzlichen Leistungen müssen den formellen Anforderungen von § 308 Nr. 4 BGB gerecht werden. Bei den Widerrufsgründen muss zumindest die Richtung angegeben werden, aus der der Widerruf möglich sein soll, z.B. wirtschaftliche Gründe, Leistung oder Verhalten des Arbeitnehmers. Außerdem darf das Verhältnis von Leistung und Gegenleistung im Arbeitsverhältnis nicht grundlegend berührt werden, sodass sie grds. nicht mehr als 25% des regelmäßigen Verdienstes betroffen sein darf.

- **Freiwilligkeitsvorbehalte**, die das Entstehen eines Rechtsanspruchs auf eine künftige Sonderzahlung – nicht laufendes Arbeitsentgelt – wirksam verhindern sollen. Sie müssen aber klar und unmissverständlich formuliert sein (z.B. „auch wiederholte Leistungen begründen keinen Rechtsanspruch für die Zukunft"), sodass der bloße Hinweis auf die Freiwilligkeit der Leistung nicht genügt. Außerdem darf der Freiwilligkeitsvorbehalt nicht gegen das Transparenzgebot des § 307 Abs. 1 S. 2 BGB verstoßen, was z.B. bei einer Kombination von Freiwilligkeits- und Widerrufsvorbehalt wegen der Widersprüchlichkeit (was nicht entstanden ist, muss nicht widerrufen werden) der Fall ist.

- **Versetzungsvorbehalte** sind zwar grds. zulässig, sofern sie im Ergebnis nicht eine Umgehung des § 2 KSchG zur Folge haben. Im Einzelfall ist aber zuvor immer durch Auslegung zu prüfen, ob überhaupt eine Abweichung von § 106 GewO oder nur eine deklaratorische Regelung vorliegt.

- **Ausgleichsquittungen bzw. Erledigungsklausel** sind zwar nicht unüblich, trotzdem aber wegen unangemessener Benachteiligung nach § 307 Abs. 1 S. 1 BGB unwirksam, wenn der Arbeitnehmer ohne kompensatorische Gegenleistung Ansprüche hat, unabhängig davon, ob sachliche Gründe dies rechtfertigen, verlieren soll.

- **Vergütungspauschalen**, insbesondere **Überstundenpauschalen**, sind zwar grds. zulässig, sie müssen aber im Hinblick auf das Transparenzgebot des § 307 Abs. 1 S. 2 BGB eindeutig erkennen lassen, welche Leistungen damit abgegolten werden sollen, „damit der Arbeitnehmer weiß, worauf er sich einlässt". Zu beachten ist allerdings, dass bei Unwirksamkeit einer Vergütungspauschale nach § 307 Abs. 1 S. 2 BGB anschließend zu prüfen ist, ob und inwieweit eine Vergütung nach Maßgabe des § 612 BGB als stillschweigend vereinbart gilt.

Sind die **Formularklauseln** nach §§ 307 ff. BGB **teilweise unwirksam**, führt das grds. zu einer **Gesamtunwirksamkeit der Vertragsklausel**, sog. **Verbot der geltungserhaltenden Reduktion**,

§ 306 Abs. 1, 2 BGB. Dies gilt insbesondere auch dann, wenn die Formularklausel nach ihrem Wortlaut zu weit gefasst ist und damit auch Fallgestaltungen erfasst (z.B. Rückzahlung der vom Arbeitgeber vorgestreckten Fortbildungskosten auch bei einer betriebsbedingten Kündigung, die nicht in der Sphäre des Arbeitnehmers liegt), bei denen die vorgesehene Rechtsfolge eine unangemessene Benachteiligung des Arbeitnehmers begründen würde.

Ausnahmsweise ist eine teilweise unwirksame Formularklausel nicht insgesamt unwirksam, wenn sie mehrere Regelungen enthält, der unzulässige Teil sprachlich eindeutig abgrenzbar ist und nach der Streichung der unwirksamen Teilregelung eine verständliche Regelung verbleibt – sog. **blue-pencil-Test**.

B. Mängel beim Vertragsschluss – Fehlerhafter Arbeitsvertrag

I. Fehlende oder beschränkte Geschäftsfähigkeit

1. Bei **Geschäftsunfähigkeit** eines der Vertragspartner ist der **Arbeitsvertrag nach § 105 BGB** auch dann **nichtig**, wenn er tatsächlich in Vollzug gesetzt worden ist.

2. Ein **minderjähriger und damit in seiner Geschäftsfähigkeit beschränkter Arbeitnehmer** kann einen Arbeitsvertrag nur mit vorheriger Zustimmung oder nachträglicher Genehmigung seines gesetzlichen Vertreters (i.d.R. Eltern) wirksam abschließen, §§ 106 ff., 182 ff. BGB. Hat der gesetzliche Vertreter dem Minderjährigen die Ermächtigung erteilt, in Arbeit zu treten, regelt insoweit **§ 113 BGB** die sog. **partielle Geschäftsfähigkeit des Arbeitnehmers**.

! **Beachte:** Auf Berufsausbildungsverhältnisse ist § 113 BGB nach h.M. auch nicht anlog anwendbar.

Der Minderjährige ist danach für solche Rechtsgeschäfte unbeschränkt geschäftsfähig, welche die Eingehung oder Aufhebung eines Arbeitsverhältnisses der gestatteten Art oder die Erfüllung der sich aus einem solchen Verhältnis ergebenden Verpflichtungen betreffen. Dazu gehören insbesondere Vereinbarungen über den Inhalt des Arbeitsvertrages, seine Kündigung (vgl. auch § 113 Abs. 3 BGB) und der Gewerkschaftsbeitritt.

3. Bei **Minderjährigkeit des Arbeitgebers** gelten ebenfalls grds. die §§ 107, 108, 182 ff. BGB. Bei Ermächtigung des minderjährigen Arbeitgebers zum selbstständigen Betrieb eines Erwerbsgeschäft ist der minderjähriger Arbeitgeber nach der Regelung des **§ 112 BGB** über die sog. **partielle Geschäftsfähigkeit des Arbeitgebers** für alle Rechtsgeschäfte unbeschränkt geschäftsfähig, welche der Geschäftsbetrieb mit sich bringt, wenn er vom gesetzlichen Vertreter mit Zustimmung des Vormundschaftsgerichts zum selbstständigen Betrieb eines gewährten Erwerbsgeschäfts ermächtigt worden ist, §§ 143 Abs. 1 bzw. §§ 1793 ff. i.V.m. § 1822 Nr. 2 BGB.

4. Bei tatsächlicher Vollziehung des Arbeitsverhältnisses trotz **Unwirksamkeit des Arbeitsvertrages nach §§ 104 ff. BGB** ist nach h.M. hinsichtlich der Rechtsfolgen zu differenzieren:

- Bei **Geschäftsunfähigkeit bzw. Minderjährigkeit des Arbeitgebers: Keine gegenseitigen vertraglichen Ansprüche** wegen des Schutzzwecks der §§ 104 ff. BGB. Der Arbeitnehmer hat nur Bereicherungsansprüche und u.U. deliktische Schadensersatzansprüche.

- Bei **Geschäftsunfähigkeit bzw. Minderjährigkeit des Arbeitnehmers:** Vergütungsansprüche des Arbeitnehmers, da deren Ablehnung nicht mit dem Schutzzweck der §§ 104 ff. BGB (greift zugunsten des Arbeitnehmers) gerechtfertigt werden kann.

II. Nichtigkeit nach § 134 BGB bzw. § 138 BGB

1. Sind nur **einzelne Vereinbarungen gesetz- oder sittenwidrig**, hat das abweichend von § 139 BGB **grds. keine Gesamtnichtigkeit des Arbeitsvertrages** zur Folge. An die Stelle der unwirksamen Regelungen treten die gesetzlichen Rechtsfolgen. Dies gilt insbesondere dann, wenn die Teilnichtigkeit aus Gründen des Arbeitnehmerschutzes (z.B. Verstoß gegen ein Beschäftigungsverbot) anzunehmen ist, da die Gesamtnichtigkeit dem Zweck der Arbeitnehmerschutzbestimmung zuwiderlaufen würde.

2. Eine **Gesamtnichtigkeit des Arbeitsvertrages** nach § 134 BGB bzw. § 138 BGB kommt **ausnahmsweise** dann in Betracht, wenn er Leistungen zum Gegenstand hat, die generell nur unter Verstoß gegen die guten Sitten (z.B. Geschlechtsverkehr auf der Bühne) oder ein gesetzliches Verbot (z.B. Drogenhandel) erbracht werden können. Wird in einem Arbeitsvertrag die Vereinbarung getroffen, dass der Lohn „schwarz", also ohne Berücksichtigung von Steuern oder Sozialversicherungsbeiträgen ausgezahlt werden soll, so ist nur die **„Schwarzgeldabrede"**, nicht der Arbeitsvertrag insgesamt nach § 139 BGB nichtig (vgl. dazu auch § 14 Abs. 2 S. 2 SGB IV).

III. Anfechtung des Arbeitsvertrages

1. Die **Anfechtungsregeln der §§ 119 ff. BGB** sind nach allgemeiner Ansicht auch **auf den Arbeitsvertrag anwendbar**. Besondere

Kündigungsschutzbestimmungen (z.B. § 17 MuSchG, § 168 SGB IX) stehen der Anwendung der §§ 119 ff. BGB nicht entgegen, da sie nur den Schutz der rechtsfehlerfrei begründeten Arbeitsverhältnisse bezwecken.

2. Hinsichtlich der **Rechtsfolgen der wirksamen Anfechtung** ist nach h.M. **zu differenzieren**:

- Ist das Arbeitsverhältnis noch **nicht in Vollzug gesetzt** worden, hat die wirksam erklärte Anfechtung nach **§ 142 Abs. 1 BGB rückwirkende Kraft**.

- Bei **in Vollzug gesetzten Arbeitsverhältnissen** geht die h.M., jedenfalls auch wegen der Rückabwicklungsschwierigkeiten, die bei einer Rückwirkung der Anfechtung und erbrachter Arbeitsleistung bestünden, davon aus, dass die Anfechtung abweichend von § 142 Abs. 1 BGB grds. nur eine **Jetztwirkung** (ex nunc) hat. Bei **Außervollzugsetzung** eines zunächst in Vollzug gesetzten Arbeitsverhältnisses hat die Anfechtung **Wirkung zum Zeitpunkt der Außervollzugsetzung**. Für die Vergangenheit erfolgt also keine Rückabwicklung der beiderseitig erbrachten Leistungen.

3. Die **Wirksamkeit der Anfechtung** des auf den Abschluss des Arbeitsvertrages gerichteten Willenserklärung setzt – wie sonst auch – neben der Anfechtungserklärung (§ 143 BGB), der Einhaltung der Anfechtungsfrist (§§ 121, 124 BGB), einen **Anfechtungsgrund** (§§ 119, 120, 123 BGB) voraus. Im Arbeitsvertragsrecht kommt am häufigsten die Anfechtung des Arbeitsvertrages durch den Arbeitgeber wegen arglistiger Täuschung (§ 123 BGB) und wegen Irrtums über die verkehrswesentlichen Eigenschaften des Arbeitnehmers (§ 119 Abs. 2 BGB) vor.

a) Verkehrswesentliche Eigenschaften eines Arbeitnehmers i.S.d. § 119 Abs. 2 BGB bestehen neben den körperlichen Merkmalen auch in tatsächlichen oder rechtlichen Verhältnissen und Beziehungen zur Umwelt, soweit sie nach der Verkehrsanschauung für die Wertschätzung und die zu leistende Arbeit von Bedeutung (z.B. berufliche Qualifikation) und nicht nur vorübergehender Natur sind. Sie müssen sich auf die Eignung des Arbeitnehmers für die vorgesehene Arbeit auswirken, wobei das Diskriminierungsverbot des § 7 AGG zu beachten ist.

Beispiele: Schwangerschaft ist keine verkehrswesentliche Eigenschaft, sondern ein natürlicher und vorübergehender Zustand. Ehrlichkeit und Vertrauenswürdigkeit sind verkehrswesentliche Eigenschaften einer Kassiererin.

b) Eine arglistige Täuschung nach § 123 BGB liegt entweder dann vor, wenn der Arbeitnehmer bewusst eine zulässige Einstellungsfrage falsch beantwortet oder eine offenbarungspflichtige Tatsache bewusst verschwiegen hat.

! Keine uneingeschränkte Zulässigkeit von Einstellungsfragen des Arbeitgebers.

Bei der Beurteilung der **Zulässigkeit von Einstellungsfragen** ist der bestehende Interessenwiderstreit zu berücksichtigen; einerseits hat der Arbeitgeber Interesse daran, möglichst viel über den Stellenbewerber zu erfahren, der Stellenbewerber möchte dagegen möglichst wenig von seinen privaten, u.U. nachteiligen, Lebensumständen offenbaren. Aufgrund dieses Interessenwiderstreits ist das **Fragerecht des Arbeitgebers eingeschränkt.** Er darf nur nach solchen Tatsachen fragen, die für ihn von berechtigtem, billigenswertem und schutzwürdigem Interesse im Hinblick auf das angestrebte Arbeitsverhältnis sind („**konkreter Bezug zum Arbeitsplatz"**), aufgrund dessen die Belange des Bewerbers zurücktreten müssen. Außerdem darf den Fragen das **Benachteiligungsverbot des § 7 Abs. 1 AGG** nicht entgegenstehen.

Beispiele: Frage nach der **Schwangerschaft** ist nach der h.M. generell unzulässig und nach der **Schwerbehinderung**, es sei denn, dass diese zur Folge hat, dass der Bewerber für die angestrebte Tätigkeit nicht geeignet ist (vgl. § 8 AGG). Zulässig ist dagegen z.B. die Frage nach Vermögensvorstrafen eines Buchhalters oder einer bestehenden Drogenabhängigkeit.

Die **bewusste Falschbeantwortung einer unzulässigen Einstellungsfrage stellt keine rechtswidrige arglistige Täuschung** i.S.d. § 123 BGB dar (sog. „Recht zur Lüge").

Da jeder Vertragspartner für die Wahrnehmung der eigenen Interessen selbst sorgen muss, besteht eine **Offenbarungspflicht des Bewerbers ausnahmsweise** nur dann, wenn der Arbeitgeber eine Aufklärung nach Treu und Glauben erwarten durfte. Die ist grds. nur bei solchen Umständen der Fall, die dem Arbeitnehmer erkennbar die Erfüllung der Arbeitspflicht unmöglich machen oder ausschlaggebende Bedeutung für den vorgesehenen Arbeitsplatz haben. Das **Fragerecht des Arbeitgebers** geht also **weiter als** die **Offenbarungspflicht des Arbeitnehmers.**

c) Für die **Anfechtung nach § 119 BGB** gilt die **Anfechtungsfrist des § 121 BGB** (ohne schuldhaftes Zögern). Bei dieser Frist wird der **Rechtsgedanke des § 626 Abs. 2 BGB** entsprechend angewendet, sodass die nur innerhalb von zwei Wochen nach Erlangung der Kenntnis vom Anfechtungsgrund erfolgen kann.

Die **Anfechtung nach § 123 BGB** kann gemäß § 124 BGB binnen einer Jahresfrist erfolgen.

IV. Das fehlerhafte (faktische) Arbeitsverhältnis

Die Unwirksamkeit des abgeschlossenen Arbeitsvertrages müsste nach den allgemeinen Grundsätzen an sich eine Rückabwicklung der gegenseitigen Leistungen nach §§ 812 ff. BGB zu Folge haben, was bei tatsächlich vollzogenen Arbeitsverhältnissen zu Unbilligkeiten wegen des Verlustes der Arbeitnehmerstellung und zu Rückabwicklungsschwierigkeiten führen könnte. Um diese für unerträglich gehaltenen Rechtsfolgen zu vermeiden, wurde die Rechtsfigur des fehlerhaften Arbeitsverhältnisses entwickelt.

Voraussetzungen des fehlerhaften Arbeitsverhältnisses sind:

- Fehlerhafter Arbeitsvertrag im weitesten Sinne. Erforderlich dafür ist wenigstens eine natürliche Willensübereinstimmung über die Begründung eines Arbeitsverhältnisses, das wenigstens einer der Parteien für wirksam hält.

- Vollzug des Arbeitsverhältnisses durch Arbeitsaufnahme

- Keine überwiegenden öffentlichen oder überwiegenden schutzwürdigen Interessen des Einzelnen, die der Annahme des faktischen Arbeitsverhältnisses entgegenstehen, was insbesondere bei Nichtigkeit nach §§ 134, 138 BGB zu prüfen ist.

Die **Beendigung des fehlerhaften Arbeitsverhältnis** ist jederzeit von jeder Vertragspartei durch eine einseitige Erklärung mit sofortiger Wirkung möglich, ohne dass Voraussetzungen einer fristlosen Kündigung nach § 626 BGB und sonstige Kündigungsvoraussetzungen (z.B. Zustimmung des Integrationsamtes bei Schwerbehinderten nach § 168 SGB IX, Betriebsratsanhörung nach § 102 BetrVG) vorliegen müssen.

Die **Rechtsfolge des fehlerhaften Arbeitsverhältnisses** ist, dass das Arbeitsverhältnis für die Vergangenheit wie ein wirksames Arbeitsverhältnis behandelt wird und die Unwirksamkeit nur für die Zukunft ihre volle Wirkung entfaltet.

Es findet also **keine Rückabwicklung der erbrachten Leistungen** nach den §§ 812 ff. BGB statt. Für die Vergangenheit bestehen dagegen grds. alle Rechte und Pflichten, insbesondere vertragliche Ansprüche auf Vergütung nach § 611 a Abs. 2 BGB, Urlaub und Entgeltfortzahlung im Krankheitsfall nach § 3 EFZG.

Check: Begründung und Mängel des Arbeitsverhältnisses

1. Wie wird das Arbeitsverhältnis begründet?

1. Durch den Abschluss des Arbeitsvertrages i.S.d. § 611 a BGB, sog. Vertragstheorie.

2. Bedarf der Arbeitsvertrag einer bestimmten Form?

2. Nein, auch stillschweigender Vertragsschluss ist möglich. Etwas anderes ergibt sich nicht aus § 2 NachwG.

3. Ist die Abschlussfreiheit des Arbeitgebers eingeschränkt?

3. Grds. nicht. Ausnahme: Art 33 Abs. 2 GG beim öffentlichen Arbeitgeber. Einschränkungen bei bestimmten Auszubildenden nach Maßgabe des § 78 a BetrVG bzw. § 9 BPersVG und bei Teilzeitkräften nach Maßgabe des § 9 TzBfG, die Aufstockung der Arbeitszeit wünschen.

4. Kann ein Verstoß gegen das Diskriminierungsverbot des § 7 Abs. 1 AGG einen Einstellungsanspruch begründen?

4. Nein, weil er ausdrücklich in § 15 Abs. 6 AGG ausgeschlossen ist, aber Entschädigungs- und Schadensersatzansprüche nach Maßgabe von § 15 Abs. 1, 2 AGG möglich.

5. Ist die inhaltliche Gestaltungsfreiheit der Arbeitsvertragsparteien eingeschränkt?

5. Ja, durch zahlreiche Arbeitnehmerschutzgesetze, die i.d.R. zwingend sind. Außerdem durch Tarifverträge und Betriebsvereinbarungen sowie die AGB-Kontrolle bei Formularverträgen nach §§ 305 ff. BGB.

6. Welche Besonderheiten sind bei einer AGB-Kontrolle nach den §§ 305 ff. BGB im Arbeitsvertragsrecht zu berücksichtigen?

6. Keine sog. Einbeziehungskontrolle, § 305 Abs. 2, 3 BGB; Arbeitnehmer Verbraucher i.S.d. § 13 BGB, daher bei AGB-Kontrolle § 310 Abs. 3 BGB zu beachten; grds. Vertragsfreiheit (vgl. § 307 Abs. 3 BGB) und keine Inhaltskontrolle nach § 307 Abs. 1 S. 1, §§ 308, 309 BGB bei Hauptleistungspflichten (Arbeitspflicht, Vergütung), aber Transparenzkontrolle nach § 307 Abs. 1 S. 2 BGB. Inhaltskontrolle bei einseitigen Leistungsbestimmungsrechten, die dem Verwender erlauben, Hauptleistungspflichten einseitig zu „modifizieren".

7. Ist die Vereinbarung von Vertragsstrafen (§§ 339 ff. BGB) in Formulararbeitsverträgen generell unwirksam?

7. Abweichend von § 309 Nr. 6 BGB wegen arbeitsrechtlicher Besonderheiten i.S.d. § 310 Abs. 4 S. 2 BGB (fehlende Vollstreckbarkeit der Arbeitspflicht nach § 888 Abs. 3 ZPO) grds. zulässig und auch nicht unüblich.

8. Ist die Vereinbarung von Verfallfristen, die einen Anspruchsuntergang nach Fristablauf zur Folge haben, in Formularverträgen zulässig?

8. Grds. ja, sie müssen aber an die Fälligkeit des Anspruchs anknüpfen, dürfen eine Mindestfrist von drei Monaten nicht unterschreiten und auch nicht zu weit gefasst sein, insb. auch nicht den unabdingbaren Mindestlohn (§ 3 MiLoG) sowie Ansprüche wegen vorsätzlicher Pflichtverletzungen (§ 202 BGB) erfassen.

Check: Begründung und Mängel des Arbeitsverhältnisses (Fortsetzung)

9. Welche Rechtsfolge hat die Teilunwirksamkeit einer Formularklausel?

9. Grds. Gesamtunwirksamkeit, da Verbot geltungserhaltender Reduktion, § 306 BGB. Ausnahme (blue-pencil-Test), wenn eine von mehreren klar abgrenzbaren Regelungen unwirksam und nach Streichung des unwirksamen Teils verständliche Regelung verbleibt.

10. Können Minderjährige allein im Arbeitsleben wirksame Vereinbarungen abschließen?

10. Ja, wenn der gesetzliche Vertreter die Ermächtigung, in Arbeit zu treten bzw. zum selbstständigen Betrieb eines Erwerbsgeschäfts erteilt hat, da insoweit § 112 BGB bzw. § 113 BGB die sog. partielle Geschäftsfähigkeit des Arbeitnehmers bzw. des Arbeitgebers regeln.

11. Können trotz Unwirksamkeit des Arbeitsvertrages nach §§ 104 ff. BGB Vergütungsansprüche bestehen?

11. Ja, bei Geschäftsunfähigkeit bzw. Minderjährigkeit des Arbeitnehmers, da deren Ablehnung nicht mit dem Schutzwecke der §§ 104 ff. BGB (greift zugunsten des Arbeitnehmers) gerechtfertigt werden kann.

12. Hat Nichtigkeit einzelner Regelungen nach § 134 oder § 138 BGB die Gesamtnichtigkeit des Arbeitsvertrages zur Folge?

12. Nein, insbesondere dann nicht, wenn die Teilnichtigkeit aus Gründen des Arbeitnehmerschutzes anzunehmen ist, da die Gesamtnichtigkeit dem Zweck der Arbeitnehmerschutzbestimmung zuwiderlaufen würde.

13. Welche Rechtsfolgen löst eine wirksame Anfechtung der auf den Abschluss des Arbeitsvertrages gerichteten Willenserklärungen aus?

13. Bei in Vollzug gesetzten Arbeitsverhältnissen (gegenseitiger Leistungsaustausch) abweichend von § 142 Abs. 1 BGB grds. nur Jetztwirkung. Rückwirkung nach § 142 Abs. 1 BGB dagegen, wenn keine Invollzugsetzung bzw. soweit wieder Außervollzugsetzung.

14. Liegt immer eine arglistige Täuschung i.S.d. § 123 BGB vor, wenn der Arbeitnehmer eine Einstellungsfrage bewusst wahrheitswidrig beantwortet hat?

14. Nein, nur wenn die Frage zulässig war. Der Arbeitgeber darf nur nach solchen Tatsachen fragen, die für ihn von berechtigtem, billigenswertem und schutzwürdigem Interesse im Hinblick auf das angestrebte Arbeitsverhältnis und die Frage auch nicht gegen das Benachteiligungsverbot des § 7 Abs. 1 AGG verstößt.

15. Wann liegt ein sog. fehlerhafter Arbeitsvertrag vor?

15. Bei Willensübereinstimmung über die Begründung eines Arbeitsverhältnisses, das zumindest eine Partei für wirksam hält, dessen Vollzug durch Arbeitsaufnahme u. keine überwiegenden öffentlichen oder schutzwürdigen Interessen des Einzelnen, die der Annahme des faktischen Arbeitsverhältnisses entgegenstehen.

16. Welche Rechtsfolgen bestehen bei einem fehlerhaften Arbeitsverhältnis und wie kann es beendet werden?

16. Das Arbeitsverhältnis wird für die Vergangenheit wie ein wirksames Arbeitsverhältnis mit allen Rechten und Pflichten behandelt. Für die Zukunft kann es jederzeit von jeder Vertragspartei durch eine einseitige Erklärung mit sofortiger Wirkung beendet werden, ohne dass Kündigungsregelungen eingreifen.

4. Abschnitt: Rechte und Pflichten der Arbeitsvertragsparteien

Die Rechte und Pflichten der Arbeitsvertragsparteien stehen nicht beziehungslos nebeneinander. Vielmehr korrespondiert mit einer Pflicht der einen Vertragspartei regelmäßig auch ein entsprechender Anspruch der anderen Vertragspartei.

A. Arbeitspflicht und Beschäftigungsanspruch des Arbeitnehmers

Hauptleistungspflicht des Arbeitnehmers ist die **Arbeitspflicht**, der der Anspruch des Arbeitnehmers auf vertragsgemäße Beschäftigung gegenüber steht.

Die Arbeitspflicht des Arbeitnehmers ist zwar einklagbar, aber wegen ihres höchstpersönlichen Charakters nach § 888 Abs. 3 ZPO nicht vollstreckbar (vgl. dazu unten S. 52).

I. Die Arbeitspflicht des Arbeitnehmers

> **Beachte:** Das einseitige Direktionsrecht des Arbeitgebers nach § 106 GewO berechtigt nur zur Konkretisierung des (inhaltlich unbestimmten) Arbeitsvertrages, nicht dagegen zu einer einseitigen Änderung des geregelten Vertragsinhalts.

Die vom Arbeitnehmer im Einzelfall **geschuldete Arbeitsleistung**, (z.B. Buchhalterin, Schlosser, Vollzeit bzw. Teilzeit) ergibt sich regelmäßig aus dem **Arbeitsvertrag**. Im Rahmen der bestehenden vertraglichen Vereinbarungen kann der Arbeitgeber die Einzelheiten der geschuldeten Arbeitsleistung, die vertraglich nicht genau festgelegt ist, einseitig durch Ausübung des ihm nach Maßgabe des § 106 GewO (billiges Ermessen) zustehenden Direktionsrechts näher konkretisieren. Das **Direktionsrecht** berechtigt den Arbeitgeber dagegen nicht dazu, die Einzelheiten der nach dem Arbeitsvertrag vereinbarten Arbeitspflicht einseitig abzuändern. Je genauer die Arbeitspflicht im Arbeitsvertrag geregelt ist, desto weniger Spielraum verbleibt dem Arbeitgeber für die Ausübung des einseitigen Direktionsrechts nach Maßgabe des § 106 GewO.

1. Der Umfang der Arbeitspflicht des Arbeitnehmers

a) Regelmäßige Arbeitszeit

> **Beachte:** Das ArbZG regelt nur die öffentlich-rechtlich höchstzulässigen Arbeitszeiten, nicht die vom Arbeitnehmer tatsächlich geschuldete Arbeitszeit.

Der Umfang der vom Arbeitnehmer regelmäßigen **geschuldeten Arbeitszeit** richtet sich in erster Linie nach dem Arbeitsvertrag bzw. einem Tarifvertrag. Davon zu unterscheiden sind die **öffentlich-rechtlichen zulässigen Arbeitszeiten**, die sich insbesondere nach dem **ArbZG** richten und beachtet werden müssen. Danach darf die Arbeitszeit gemäß § 3 S. 1 ArbZG grundsätzlich werktäglich

8 und wöchentlich 48 Stunden nicht überschreiten, wobei nach § 3 S. 2 ArbZG die werktägliche Arbeitszeit auf bis zu zehn Stunden verlängert werden kann, wenn innerhalb von sechs Monaten oder 24 Wochen im Durchschnitt acht Stunden werktäglich nicht überschritten werden.

Als **Arbeitszeit** gilt nach der **Legaldefinition des § 2 ArbZG** die **Zeit vom Beginn bis zum Ende der Arbeit ohne Pausen**. Dazu gehört auch der **Bereitschaftsdienst** einschließlich der inaktiven Zeit, wenn der Arbeitnehmer sich an einen vom Arbeitgeber bestimmt Art aufzuhalten hat, damit er ggf. seine volle Arbeitstätigkeit unverzüglich aufnehmen kann.

Keine Arbeitszeit i.S.d. § 2 ArbZG ist dagegen die bloße **Rufbereitschaft**, bei der der Aufenthaltsort vom Arbeitgeber nicht bestimmt wird.

Wird der Umfang der Arbeitspflicht nicht ausdrücklich vereinbart, ist mangels gegenteiliger Anhaltspunkte von der stillschweigenden Vereinbarung der betriebsüblichen Arbeitszeit auszugehen.

b) Vorübergehende Verlängerung oder Verkürzung der Arbeitszeit

aa) Eine Verpflichtung zur Leistung von **Überstunden**, d.h. Arbeiten unter vorübergehender Überschreitung der vereinbarten regelmäßigen Arbeitszeit, besteht nur bei einer entsprechenden **Rechtsgrundlage**, die sich aus dem Arbeitsvertrag oder einer Kollektivnorm (Tarifvertrag, Betriebsvereinbarung) ergeben kann. Aufgrund des Direktionsrechts nach § 106 GewO kann der Arbeitgeber einseitig grundsätzlich keine Überstunden anordnen.

bb) Eine vorübergehende Verkürzung der Arbeitszeit (sog. Kurzarbeit) kann der Arbeitgeber ebenfalls nur bei eigener entsprechenden Regelung, nicht dagegen aufgrund des Direktionsrechts nach § 106 GewO anordnen, wobei nach h.M. eine Betriebsvereinbarung genügt.

cc) Zu beachten ist in diesem Zusammenhang, dass in Betrieben, in denen ein Betriebsrat existiert, die individualrechtlich zulässige Anordnung von Kurzarbeit bzw. von Überstunden nur dann wirksam ist, wenn der Arbeitgeber auch das dem Betriebsrat nach Maßgabe des § 87 Abs. 1 Nr. 3 BetrVG zustehende Mitbestimmungsrecht beachtet und der Betriebsrat zugestimmt hat. Die individualrechtlich zulässige Anordnung von Überstunden bzw. Kurzarbeit muss also auch kollektivrechtlich nach § 87 Abs. 1 Nr. 3 BetrVG zulässig sein, sog. **Theorie der doppelten Wirksamkeitsvoraussetzung**.

Fehlt die erforderliche Zustimmung des Betriebsrates, muss der Arbeitnehmer die kollektivrechtlich unwirksam angeordnete Verkürzung oder Verlängerung der Arbeitszeit auch dann nicht befolgen, wenn der Arbeitgeber dazu nach dem Inhalt des Arbeitsvertrages, also individualrechtlich, an sich berechtigt war.

c) Anspruch auf Verkürzung bzw. Verlängerung der regelmäßigen Arbeitszeit

aa) Anspruch auf Verkürzung und Neuverteilung der Arbeitszeit, § 8 TzBfG

Ein Arbeitnehmer, dessen **Arbeitsverhältnis länger als sechs Monate** besteht, kann von seinem Arbeitgeber, der ohne Auszubildende **i.d.R. mehr als 15 Arbeitnehmer** beschäftigt, eine Verkürzung und eine Neuverteilung der Arbeitszeit nach Maßgabe des § 8 TzBfG verlangen, wenn dem Änderungswunsch keine betrieblichen Gründe entgegenstehen. Da ein besonderer Grund für das Teilzeitverlangen nicht erforderlich ist, kommt ein rechtsmissbräuchliches Verlangen der Verkürzung der Arbeitszeit nur in besonderen Ausnahmefällen in Betracht. Eine **Änderung der Verteilung der Arbeitszeit allein** kann allerdings **nicht** verlangt werden, weil die Festlegung der Lage der Arbeitszeit von der Verlängerung abhängig ist, also nur eine Annexfunktion hat.

Der **Antrag des Arbeitnehmers**, der **formlos möglich** ist, muss gemäß § 8 Abs. 2 TzBfG **spätestens drei Monate vor dem Beginn der gewünschten Arbeitszeitverkürzung** gestellt werden und muss eine so **bestimmte Angabe zum Umfang der Arbeitszeitverkürzung** enthalten (Wirksamkeitsvoraussetzung!), dass der Arbeitgeber dieses Angebot zur Vertragsänderung (§ 145 BGB) mit einem einfachen „ja" annehmen kann. Nach § 8 Abs. 2 S. 2 TzBfG **soll** er auch **Angaben zur gewünschten Verteilung der verkürzten Arbeitszeit** enthalten. Fehlen diese Angaben, überlässt der Arbeitnehmer die Verteilung dem Arbeitgeber, § 106 GewO.

Die **Ablehnung** muss der Arbeitgeber dem Arbeitnehmer gemäß § 8 Abs. 5 S. 2 TzBfG **spätestens einen Monat** vor dem gewünschten Beginn der Arbeitszeitverkürzung schriftlich (**Schriftform i.S.d. § 126 BGB!**) mitteilen, da sonst die Zustimmung als erteilt gilt. Dies gilt gemäß § 8 Abs. 5 S. 3 TzBfG entsprechend für die Verteilung der Arbeitszeit.

bb) Teilzeitkräfte haben einen **Anspruch auf Verlängerung der Arbeitszeit nach Maßgabe des § 9 TzBfG** (vgl. dazu oben S. 26).

2. Die Lage der Arbeitszeit

Die Lage der Arbeitszeit richtet sich ebenfalls nach den bestehenden vertraglichen oder kollektivrechtlichen Regelungen. Zu beachten ist allerdings, dass die **Angaben im Arbeitsvertrag zur Lage der Arbeitszeit grds. nur als Bekanntgabe der „zurzeit" geltenden** betrieblichen **Arbeitszeiten** zu verstehen ist, da die Lage der Arbeitszeit regelmäßig den betrieblichen Notwendigkeiten angepasst werden muss.

Eine **verbindliche vertragliche Regelung** der Lage der Arbeitszeit besteht nur dann, wenn dies eindeutig geregelt ist. Ist dies nicht der Fall, kann die Lage der Arbeitszeit grundsätzlich von dem Arbeitgeber aufgrund des ihm nach § 106 GewO zustehenden Direktionsrechts durch eine einseitige Anordnung auch dann geändert werden, wenn eine bestimmte Lage der Arbeitszeit jahrelang nicht geändert worden ist. Eine **nachträgliche Konkretisierung der Lage der Arbeitszeit** kommt nur beim Vorliegen besonderer Umstände im Einzelfall in Betracht.

Zu beachten ist allerdings, dass die einseitige **Änderung der bisherigen Lage der Arbeitszeit** durch den Arbeitgeber

- **individualrechtlich** im Wege des Direktionsrechts im Einzelfall dem billigen Ermessen entsprechen muss (§ 106 S. 1 GewO) und

- **kollektivrechtlich** in Betrieben mit einem Betriebsrat nach **§ 87 Abs. 1 Nr. 2 BetrVG** der **Zustimmung des Betriebsrates** bedarf, die Wirksamkeitsvoraussetzung ist.

Die von dem Direktionsrecht des § 106 GewO an sich gedeckte Anordnung des Arbeitgebers hinsichtlich der Lage der Arbeitszeit (z.B. Schichtwechsel) ist also unwirksam, wenn die erforderliche Zustimmung des Betriebsrates nach § 87 Abs. 1 Nr. 2 BetrVG fehlt. Die Nichtbefolgung dieser Anordnung begründet damit keine Vertragspflichtverletzung (Arbeitsverweigerung) des Arbeitnehmers.

II. Der Beschäftigungsanspruch des Arbeitnehmers

Der Beschäftigungsanspruch, also der Anspruch des Arbeitnehmers auf vertragsgemäße Beschäftigung im unstreitig bestehenden Arbeitsverhältnis, kann als rechtsfortbildende Konkretisierung der Hauptpflichten des Arbeitgebers eingeordnet werden. Er ist abzuleiten aus den §§ 611 a, 613 BGB i.V.m. § 242 BGB. Die Generalklausel des § 242 BGB wird dabei ausgefüllt durch die Wertentscheidung der Art. 1 und 2 GG.

Der Beschäftigungsanspruch des Arbeitnehmers ist **einklagbar** und – anders als die Arbeitspflicht – **als unvertretbare Handlung nach § 888 ZPO** auch **vollstreckbar**.

Vom **Beschäftigungsanspruch** ist der sog. **Weiterbeschäftigungsanspruch zu unterscheiden**, der beim Rechtsstreit über die Beendigung des Arbeitsverhältnisses für die Zeit nach Ablauf des zwischen den Parteien streitigen Beendigungstermins bis zum rechtskräftigen Abschluss des Bestandsschutzprozesses bestehen kann. Während der gesetzlich geregelte **betriebsverfassungsrechtliche Beschäftigungsanspruch nach Maßgabe des § 102 Abs. 5 BetrVG** bereits nach Ablauf des streitigen Beendigungstermins besteht, besteht der **allgemeine Weiterbeschäftigungsanspruch** nach h.M. grds. erst nachdem gerichtlich die Unwirksamkeit des streitigen Beendigungstatbestandes festgestellt worden ist. Ab diesem Zeitpunkt überwiegt trotz des fortbestehenden Rechtsstreits grds. das Beschäftigungsinteresse des Arbeitnehmers das Nichtbeschäftigungsinteresse des Arbeitgebers. Er entfällt bei rechtskräftiger Abweisung der Bestandsschutzklage bzw. einem neuen Beendigungstatbestand während des laufenden Bestandsschutzprozesses.

B. Vergütungspflicht des Arbeitgebers und Vergütungsanspruch des Arbeitnehmers

I. Die Arbeitsvergütung

Die **Hauptleistungspflicht des Arbeitgebers** ist die **Vergütungspflicht**. Die Vergütung eines Arbeitnehmers ist in Euro zu berechnen und auszuzahlen. Möglich sind aber auch Sachzuwendungen (vgl. § 107 GewO).

1. Vergütungshöhe: Grundsatz der Vertragsfreiheit

Die **Höhe der Vergütung** richtet sich grundsätzlich nach der Vereinbarung der Arbeitsvertragsparteien, wobei **grundsätzlich Vertragsfreiheit** besteht. Es kann ein sog. Zeitlohn oder Leistungslohn vereinbart werden. Während beim Zeitlohn die Vergütung nach Zeitabschnitten (Stunden-, Tages- oder Monatslohn) bemessen wird, wird die Vergütung beim Leistungslohn nach dem erzielten Arbeitsergebnis berechnet. Es kann zwar auch ein Nettolohn vereinbart werden, was aber eindeutig erfolgen muss. **Im Zweifel** wird **Bruttolohn** vereinbart.

2. Gesetzlicher Mindestlohn

a) Die Vertragsfreiheit hinsichtlich der Lohnhöhe ist allerdings durch das **branchenübergreifend geltende MindestlohnG** eingeschränkt. Nach **§ 1 MiLoG** muss unabhängig von der Vergütungsform der gesetzliche Mindestlohn von 9,19 € (seit dem

01.01.2019, bisher 8,84 €) für jede tatsächlich geleistete Arbeitsstunde gezahlt werden, der nach § 3 MiLoG unabdingbar ist. Der Anspruch auf den gesetzlichen Mindestlohn steht dem Arbeitnehmer auch dann zu, wenn die durch Arbeits- oder Tarifvertrag geregelte Vergütung über dem gesetzlichen Mindestlohn liegt. Der **gesetzliche Mindestlohnanspruch aus § 1 Abs. 1 MiLoG** tritt also eigenständig neben die sonstigen Grundlagen der Vergütung.

b) Der Mindestlohn nach § 1 MiLoG gilt als unterste Grenze für alle Branchen. Bereits vor der Einführung des MindestlohnG gab es schon **branchenspezifische Mindestlöhne** (z.B. Baugewerbe, Pflegebranche). Die Möglichkeit branchenspezifische höhere Mindestlöhne festzulegen, wurde inzwischen deutlich ausgeweitet, indem das **AEntG** auch auf andere als die in § 4 Abs. 1 AEntG genannten Branchen ausgedehnt werden kann (§§ 4 Abs. 2, 7 a AEntG n.F.). Die jeweils einschlägigen (branchenspezifischen) Regelungen des AEntG, des AÜG und der auf ihrer Grundlage erlassenen RechtsVO **gehen nach dem Lex-Specialis-Prinzip den Regelungen des MiLoG vor**, soweit die Höhe der auf ihrer Grundlage festgesetzten Branchenmindestlöhne die Höhe des allgemeinen Mindestlohns nicht unterschreitet.

c) Der **Anspruch auf den gesetzlichen Mindestlohn ist erfüllt**, wenn die für einen Kalendermonat gezahlte Bruttovergütung den Betrag erreicht, der sich aus der Multiplikation der Anzahl der in diesem Monat tatsächlich geleisteten Arbeitsstunden einschließlich der Zeiten der gesetzlich angeordneten Fortzahlung der Vergütung (z.B. Urlaub, Entgeltfortzahlung nach dem EFZG) mit den gesetzlichen Mindestlohn von 9,19 € ergibt. Es gilt ein **umfassender Entgeltbegriff,** weshalb **alle im Synallagma stehenden Geldleistungen des Arbeitgebers** (z.B. Stundenlohn, Leistungsprämien, Provisionen und alle Zuschläge mit Ausnahme des Nachtzuschlags) geeignet sind, den Mindestlohnanspruch des Arbeitnehmers zu erfüllen.

Gratifikationen, die keine Gegenleistung für die Arbeitsleistung sind, sondern regelmäßig die Betriebstreue belohnen (z.B. Weihnachtsgeld) werden dagegen bei der Prüfung der Erfüllung des Mindestlohnes nicht berücksichtigt. Werden **Prämien bzw. Sondervergütungen nicht monatlich**, sondern quartalsmäßig oder jährlich **gezahlt,** sind sie jedenfalls im Auszahlungsmonat mindestlohnwirksam, was aus § 2 Abs. 1 S. 1 Nr. 2 MiLoG folgt.

d) Bei Vereinbarung einer **Vergütung, die („nur") unter dem gesetzlichen Mindestlohn liegt**, ist die Vergütungsvereinbarung nach h.M. nach § 3 S. 1 MiLoG **„nur insoweit" unwirksam**, als der gesetzliche Mindestlohn unterschritten wird, der zu zahlen ist.

Unterschreitet die **vereinbarte Vergütung** nicht nur den gesetzlichen Mindestlohn, sondern ist darüber hinaus auch **nach § 138 BGB sittenwidrig**, ist die **Vergütungsvereinbarung nach h.M. insgesamt unwirksam** mit der Folge, dass nach § 612 BGB jedenfalls die übliche Vergütung als stillschweigend vereinbart gilt, die regelmäßig höher ist, als der gesetzliche Mindestlohn.

Ist die **Vergütung** in einem **Tarifvertrag** geregelt, der auf das Arbeitsverhältnis kraft beiderseitiger Verbandszugehörigkeit oder aufgrund einer Allgemeinverbindlichkeitserklärung (§§ 3 Abs. 1, 5 TVG) anwendbar ist und daher **nach Maßgabe des § 4 TVG unmittelbar und zwingend** gilt, darf die vereinbarte Vergütung den Tariflohn nicht unterschreiten. Wird dieser unterschritten, ist die Vergütungsvereinbarung unwirksam und § 612 BGB einschlägig.

Betriebsvereinbarungen können dagegen wegen der **Regelungssperre des § 77 Abs. 3 BetrVG** grds. keine wirksame Vergütungsregelungen enthalten.

3. Die **Vergütungspflicht des Arbeitgebers** wurde „zur Vervollständigung und systematischen Anpassung" ausdrücklich in **§ 611 a Abs. 2 BGB** aufgenommen, der die **Anspruchsgrundlage für die Zahlung der vereinbarten Vergütung** ist. Liegt keine ausdrückliche Vergütungsvereinbarung vor, ergibt sich die Vergütungspflicht des Arbeitgebers aus § 612 BGB, sodass jedenfalls die übliche Vergütung als stillschweigend vereinbart gilt.

Nach der bisher h.M. konnte auch bei **Unentgeltlichkeit der Arbeitsleistung** in ganz besonders gelagerten Ausnahmekonstellationen ein Arbeitsverhältnis vorliegen. Nachdem jedoch seit dem 01.01.2015 alle Arbeitnehmer einen Anspruch auf einen gesetzlichen Mindestlohn nach § 1 MiLoG haben, der nach § 3 MiLoG unabdingbar ist, ist der gesetzliche Mindestlohn ist also zwingende Folge des Arbeitsverhältnisses.

4. Die **Vergütungspflicht des Arbeitgebers** steht im **Gegenseitigkeitsverhältnis i.S.d. § 320 BGB** zu der in § 611 a Abs. 1 BGB geregelten **Arbeitspflicht des Arbeitnehmers**. Der **Arbeitnehmer** ist allerdings mangels abweichender Vereinbarung **vorleistungspflichtig,** was sich im Umkehrschluss aus § 614 S. 1 BGB ergibt.

Erbringt der Arbeitnehmer die geschuldete Arbeitsleistung nicht, die mangels Vereinbarung flexibler Arbeitszeiten (z.B. Gleitzeit) regelmäßig Fixschuldcharakter hat und daher mit Zeitablauf unmöglich wird (§ 275 Abs. 1 BGB), entfällt nach dem in **§ 326 Abs. 1 S. 1 BGB** gesetzlich verankerten **Grundsatz „Ohne Arbeit kein Lohn"** auch der Vergütungsanspruch. Etwas anderes gilt aber dann, wenn eine der Fallgruppen „Lohn ohne Arbeit" einschlägig ist (vgl. dazu S. 52 ff.).

II. Schutz des Arbeitseinkommens

Da das Arbeitsentgelt regelmäßig der Sicherung der Existenzgrundlage des Arbeitnehmers dient, gelten zugunsten des Arbeitnehmers die **Pfändungsschutzbestimmungen der §§ 850 ff. ZPO** und das **Aufrechnungsverbot des § 394 BGB**. Der nach §§ 850 ff. ZPO unpfändbare Nettobetrag des Lohnes ist also dem Zugriff Dritter entzogen, sodass eine Aufrechnung nur gegen den pfändbaren Teil des Nettoeinkommens zulässig ist.

Eine **Aufrechnung mit Nettoansprüchen des Arbeitgebers** (z.B. Schadensersatzansprüche) **gegen Bruttovergütungsansprüche des Arbeitnehmers**, in denen auch Steuern und Sozialversicherungsbeiträge enthalten sind, ist mangels Gleichartigkeit der Forderungen i.S.d. § 387 BGB **unzulässig** (vgl. auch § 322 Abs. 2 ZPO zum Rechtskraftumfang einer wirksamen Aufrechnung).

Der unpfändbare Teil des Nettoeinkommens muss also auch bei bestehenden Gegenansprüchen an den Arbeitnehmer ausgezahlt werden, sodass die (ggf. nach zulässiger Aufrechnung verbliebenen) Gegenansprüche im Klagewege geltend zu machen sind.

Die **Schutzwirkung des Aufrechnungsverbots** des § 394 BGB darf auch nicht durch **Ausübung eines Zurückbehaltungsrechts** (§ 273 BGB) umgangen werden, sodass es nur insoweit ausgeübt werden kann, als auch die Aufrechnung zulässig wäre.

C. Das Urlaubsrecht

I. Anspruch auf den gesetzlichen Mindesturlaub

1. Dauer des gesetzlichen Mindesturlaubs

Jeder Arbeitnehmer hat einen Anspruch auf einen gesetzlichen Mindesturlaub, der für alle Arbeitnehmer im BUrlG geregelt ist, das nach § 3 S. 2 BUrlG auch für arbeitnehmerähnliche Personen gilt. Der gesetzliche Mindesturlaub beträgt nach **§ 3 Abs. 1 BUrlG 24 Werktage** (Samstag ist Werktag) **im Kalenderjahr** und ist nach **§ 13 Abs. 1 BUrlG unabdingbar**.

Für **Jugendliche** gilt die Sonderregelung des § 19 JArbSchG, dessen Abs. 2 die Dauer des gesetzlichen Mindesturlaubs altersabhängig regelt und dessen Abs. 4 weitgehend auf das BUrlG verweist. **Schwerbehinderte** Arbeitnehmer haben nach Maßgabe des § 208 SGB IX (Bisher: § 125 SGB IX) einen zusätzlichen gesetzlichen Mindesturlaub von fünf Arbeitstagen im Kalenderjahr. In Tarif- oder Arbeitsverträgen werden allerdings regelmäßig höhere Urlaubsansprüche geregelt, was nach dem Günstigkeitsprinzip ohne Weiteres möglich ist.

2. Entstehung des gesetzlichen Mindesturlaubsanspruchs

a) Voraussetzung für die Entstehung des Anspruchs auf den gesetzlichen Mindesturlaub nach §§ 1, 3 BUrlG ist **nur der rechtliche Bestand des Arbeitsverhältnisses**, ohne dass es auf die Erbringung der Arbeitsleistung durch den Arbeitnehmer ankommt.

Der Urlaub entsteht also **auch bei Krankheit während des gesamten Jahres**, im ruhenden Arbeitsverhältnis und selbst beim vereinbarten unbezahlten **Sonderurlaub** während des gesamten Jahres.

Der **volle gesetzliche Mindesturlaub nach § 3 BUrlG** entsteht erst nach (einmaliger) **Erfüllung der sechsmonatigen Wartezeit des § 4 BUrlG** bereits mit dem 01.01. eines Kalenderjahres. Kurzfristige rechtliche Unterbrechungen des Arbeitsverhältnisses sind nach h.M. unschädlich, wenn zwischen dem alten und dem neuen Arbeitsverhältnis ein enger sachlicher und rechtlicher Zusammenhang besteht.

Beim **Ausscheiden nach Erfüllung der Wartezeit bis zum einschließlich 30.06.** eines Jahres, wird der zunächst entstandene Vollurlaubsanspruch nachträglich nach **§ 5 Abs. 1 c BUrlG** auf 1/12 für jeden vollen Monat des Bestehens des Arbeitsverhältnisses gekürzt. Der **„gekürzte Vollurlaub"** nach § 5 Abs. 1 c BUrlG ist ebenfalls nach § 13 Abs. 1 BUrlG **unabdingbar**.

b) Bei Nichterfüllung der sechsmonatigen Wartezeit des § 4 BUrlG im **Ein- und Austrittsjahr** entsteht für jeden vollen Monat des Bestehens des Arbeitsverhältnisses ein **Teilurlaubsanspruch** nach **Maßgabe des § 5 Abs. 1 a bzw. b BUrlG**.

3. Befristung des Urlaubsanspruchs nach § 7 Abs. 3 BUrlG

a) Der gesetzliche Mindesturlaub ist nach **§ 7 Abs. 3 BUrlG** grds. auf das **Urlaubsjahr bzw. den Übertragungszeitraum**, also **spätestens 31.03. des Folgejahres befristet** und geht mit Befristungsablauf nach h.M. nach § 275 Abs. 1 BGB unter.

! **Beachte:** Europarechtskonforme Auslegung des § 7 Abs. 3 BUrlG bei Unmöglichkeit der Urlaubsgewährung wegen Krankheit geboten.

Konnte allerdings der Urlaub vom Arbeitnehmer wegen fortdauernder krankheitsbedingter Arbeitsunfähigkeit auch nicht bis zum 31.03. genommen werden, geht er in unionskonformer Auslegung des § 7 Abs. 3 BUrlG auf das nächste Kalenderjahr über und erlischt bei **Fortdauer der Krankheit** erst 15 Monate nach dem Ende des Urlaubsjahres, also erst am 31.03. des übernächsten Jahres.

Bei **Wiedererlangung der Arbeitsfähigkeit** nach dem 31.03. des Folgejahres tritt allerdings der wegen Krankheit übertragene Urlaub zum Urlaub des laufenden Jahres hinzu und muss daher unter Beachtung der Befristungsregelung des § 7 Abs. 3 BurlG genommen werden, ist also nicht „privilegiert".

b) Der Urlaubsanspruch erlischt nach bisher ganz h.M. durch Befristungsablauf nach § 7 Abs. 3 BUrlG auch dann, wenn der Urlaub trotz rechtzeitigen Urlaubsverlangens vom Arbeitgeber pflichtwidrig verweigert wurde. In diesem Fall entsteht allerdings ein Schadensersatzanspruch nach § 280 Abs. 1 BGB wegen vom Arbeitgeber zu vertretender Unmöglichkeit der Urlaubsgewährung, der auf bezahlte Freistellung von der Arbeit (= Naturalrestitution) gerichtet ist. Der Schadensersatzanspruch unterliegt nicht Verfallfristen, sondern der gesetzlichen Befristungsregelung des § 7 Abs. 3 BUrlG.

Nach der bisher h.M. entstand der Schadensersatzanspruch nicht, wenn der Arbeitnehmer den Urlaub nicht rechtzeitig verlangt hat. Der EuGH hat allerdings entscheiden, dass der Untergang des Anspruchs auf bezahlte Freistellung nur dann mit dem **EU-Recht** (Richtlinie 2003/88/EG bzw. Art. 31 Abs. 2 der EU-GRCh) vereinbar ist, wenn der Arbeitnehmer den Urlaub aus freien Stücken und in voller Kenntnis der sich daraus ergebenden Konsequenzen nicht genommen, nachdem er in die Lage versetzt wurde (z.B. durch Aufklärung), seinen Urlaub zu nehmen. Eine Verpflichtung des Arbeitgebers, dem Arbeitnehmer den Urlaub von sich aus zu gewähren, also aufzuzwingen, besteht dagegen auch nach dem EuGH nicht.

Die Erhebung einer Kündigungsschutzklage hat nach der bisher h.M. regelmäßig nicht die Geltendmachung von Urlaubsansprüchen des Arbeitnehmers zum Inhalt, die vom Ausgang des Kündigungsschutzverfahrens abhängig sind.

4. Erfüllung des Urlaubsanspruchs, § 362 BGB

a) Die Erfüllung Urlaubsanspruchs setzt voraus, dass der **Arbeitnehmer arbeitsfähig** ist (folgt aus § 9 BUrlG) und vom Arbeitgeber **im Voraus unwiderruflich von der bestehenden Arbeitspflicht zu Erholungszwecken befreit wurde.** Bloße Freistellung von der Arbeitspflicht (z.B. nach einer Kündigung) ohne Hinweis auf Urlaubsanrechnung genügt also nicht.

b) Beim **Streit über das Bestehen des Arbeitsverhältnisses** (z.B. fristlose Kündigung) reicht für die Erfüllung des Urlaubsanspruchs im Falle der späteren gerichtlichen Feststellung des Fortbestandes des Arbeitsverhältnisses eine vorsorgliche **Freistellung unter** Hinweis auf **Urlaubsanrechnung** für die Zeit nach dem umstrittenen

Beendigungszeitpunkt nicht aus. Erforderlich ist vielmehr wegen der bestehenden Unsicherheit über den Bestand des Arbeitsverhältnisses und damit auch des Urlaubsanspruchs, eine **gleichzeitige Bezahlung bzw. eine verbindliche Zahlungszusage**.

c) Ein **Selbstbeurlaubungsrecht besteht** auch dann **nicht**, wenn der Arbeitgeber den beantragten Urlaub rechtswidrig (vgl. § 7 Abs. 1 BurlG) verweigert hat. Der Arbeitnehmer, der den Anspruch auf den verweigerten Urlaub durchsetzen will, muss vielmehr gerichtliche Hilfe (u.U. einstweilige Verfügung) in Anspruch nehmen. Eine eigenmächtige Selbstbeurlaubung kann eine (u.U. sogar fristlose) Kündigung ohne vorherige Abmahnung rechtfertigen.

5. Erwerbsverbot während des Urlaubs, § 8 BUrlG

Während des Urlaubs darf der Arbeitnehmer nach § 8 BUrlG keine dem Urlaubszweck widersprechende Erwerbstätigkeit leisten. Der Verstoß dagegen hat jedoch keine Auswirkungen auf den Urlaubsanspruch und berechtigt den Arbeitgeber auch nicht zu einer Kürzung des Urlaubsentgelts, wohl aber zu einer Abmahnung und im Wiederholungsfall u.U. zu einer Kündigung.

6. Ausschluss von Doppelansprüchen beim Arbeitgeberwechsel nach § 6 Abs. 1 BUrlG

Der Urlaubsanspruch besteht nach § 6 Abs. 1 BUrlG nicht, wenn und soweit der Arbeitnehmer für das laufende Kalenderjahr bereits von einem früheren Arbeitgeber Urlaub oder Urlaubsabgeltung erhalten hat, was nach § 6 Abs. 2 BUrlG zu bescheinigen ist.

Das **Recht zur Urlaubsverweigerung** nach Maßgabe des § 6 Abs. 1 BUrlG hat **nur der neue Arbeitgeber**. Der bisherige Arbeitgeber muss dagegen den bei ihm verdienten Urlaub auch dann abgelten, wenn der neue Arbeitgeber von dem Verweigerungsrecht nach § 6 Abs. 1 BUrlG keinen Gebrauch gemacht und dem Arbeitnehmer Urlaub gewährt hat.

II. Urlaubsentgelt, § 11 BUrlG

Das während des Urlaubs zu zahlende **Urlaubsentgelt** ist in **§ 11 Abs. 1 BUrlG** geregelt. Danach gilt – anders als bei § 3 EFZG – nicht das Lohnausfallprinzip. Vielmehr ist als Urlaubsentgelt der **Durchschnittsverdienst der letzten 13 Wochen vor Urlaubsbeginn** zahlen (sog. Referenzprinzip) geschuldet. Das Urlaubsentgelt ist **nach § 11 Abs. 2 BUrlG vor Antritt des Urlaubs zu zahlen**.

III. Urlaubsabgeltung nach § 7 Abs. 4 BUrlG

Der bei Beendigung des Arbeitsverhältnisses noch bestehender, aber nicht mehr erfüllbarer Urlaubsanspruch, wandelt sich mit rechtlicher Beendigung des Arbeitsverhältnisses automatisch in einen Urlaubsabgeltungsanspruch nach § 7 Abs. 4 BUrlG um. Er ist nach Aufgabe der sog. Surrogationstheorie ein **reiner Zahlungsanspruch**, dessen **einzige Voraussetzung** die **rechtliche Beendigung des Arbeitsverhältnisses** ist. Er unterliegt also nicht (mehr) dem Befristungsrecht des Urlaubsanspruchs und entsteht auch dann, wenn der Urlaub im (fiktiv) bestehenden Arbeitsverhältnis (z.B. wegen Krankheit) nicht erfüllbar wäre.

Der Urlaubsabgeltungsanspruch ist vererbbar und unterliegt – wie jeder andere Zahlungsanspruch auch – den einzuhaltenden **Verfallfristen und der Verjährung**.

Im bestehenden Arbeitsverhältnis besteht grds. ein **Urlaubsabgeltungsverbot**. **Ausnahme:** Besondere Regelung, die sich ausschließlich auf solche Urlaubsansprüche bezieht, die wegen Zeitablaufs schon verfallen sind, da in diesen Fall der zu gewährende gesetzliche Mindesturlaub nicht durch Geld „abgekauft" wird.

IV. Der übergesetzliche Urlaub

Da das BUrlG (§ 13 BUrlG), EU-Recht, § 19 JArbSchG und § 208 SGB IX nur zwingende Regelungen bezogen auf den gesetzlichen Mindesturlaub regeln, sind die **Arbeits- und Tarifvertragsparteien** bei der **Gestaltung des** darüber hinausgehenden sog. **übergesetzlichen Urlaubs frei**. Insofern besteht jedoch folgendes **Regel-/Ausnahmeverhältnis:**

- **Regel:** Gleichbehandlung des gesetzlichen und des übergesetzlichen Urlaubs

- **Ausnahme:** Differenzierung zwischen dem gesetzlichen und übergesetzlichen Urlaub, wenn im Tarif- oder Arbeitsvertrag eindeutig zwischen gesetzlichem Urlaub und vertraglichem/tariflichem Mehrurlaub unterschieden wird oder sowohl für Mindest- als auch für Mehrurlaub wesentlich von § 7 Abs. 3 BUrlG abweichende Übertragungs- und Verfallsregelungen vorliegen. Im letzteren Fall besteht Teilnichtigkeit der eigenständigen tariflichen Regelung nach § 134 BGB i.V.m. § 13 BurlG, aber keine Gesamtnichtigkeit nach § 139 BGB. Beim Formulararbeitsvertrag besteht dagegen keine geltungserhaltende Reduktion – also Gesamtnichtigkeit.

Check: Arbeit, Vergütung und Urlaub

1. Was regelt das ArbzG?

1. Die öffentlich-rechtlich höchstzulässigen Arbeitszeiten, nicht die vom Arbeitnehmer tatsächlich geschuldete Arbeitszeit. Diese richtet sich in erster Linie nach dem Arbeitsvertrag bzw. einem Tarifvertrag.

2. Sind vorübergehende Verlängerungen oder Verkürzungen der vereinbarten regelmäßigen Arbeitszeit durch den Arbeitgeber zulässig?

2. Nur, wenn eine entsprechende Regelung vorliegt und außerdem das Mitbestimmungsrecht des Betriebsrates nach § 77 Abs. 1 Nr. 3 BetrVG beachtet wurde (sog. doppelte Wirksamkeitsvoraussetzung).

3. Kann ein Arbeitnehmer ohne besonderen Grund eine Verkürzung und Neuverteilung seiner Arbeitszeit verlangen?

3. Ja, nach Maßgabe des § 8 TzBfG, wenn das Arbeitsverhältnis länger als sechs Monate besteht und der Arbeitgeber ohne Auszubildende i.d.R. mehr als 15 Arbeitnehmer beschäftigt.

4. Welche Bedeutung haben Angaben zur Lage der Arbeitszeit im Arbeitsvertrag?

4. Grds. nur Bekanntgabe der „zurzeit" geltenden betrieblichen Arbeitszeiten zu verstehen, da die Lage der Arbeitszeit regelmäßig den betrieblichen Notwendigkeiten angepasst werden muss. Verbindliche Festlegung nur, wenn dies eindeutig geregelt ist.

5. Wodurch unterscheidet sich der Beschäftigungsanspruch von dem Weiterbeschäftigungsanspruch des Arbeitnehmers?

5. Beschäftigungsanspruch ist der Anspruch auf vertragsgemäße Beschäftigung im unstreitig bestehenden Arbeitsverhältnis. Beim Weiterbeschäftigungsanspruch geht es um die Beschäftigung für die Zeit nach Ablauf des zwischen den Parteien streitigen Beendigungstermins bis zum rechtskräftigen Abschluss des Bestandsschutzprozesses.

6. Können die Parteien die Höhe der Vergütungshöhe frei vereinbaren?

6. Grds. ja, aber der branchenübergreifende gesetzliche Mindestlohn nach § 1 MiLoG von 9,19 € darf nicht unterschritten werden (§ 3 MiloG). Als untere Lohngrenze kann u.U. ein höherer branchenspezifischer Mindestlohn nach Maßgabe des AEntG sowie ein nach § 4 TVG zwingend geltender Tariflohn in Betracht kommen.

7. Welcher Lohn ist geschuldet, wenn die Lohnvereinbarung nicht „nur" nach § 3 MiLoG unwirksam, sondern auch sittenwidrig nach § 138 BGB ist?

7. Die Vergütungsvereinbarung ist nach h.M. insgesamt unwirksam. Es gilt nach § 612 BGB jedenfalls die übliche Vergütung als stillschweigend vereinbart, die regelmäßig höher ist, als der gesetzliche Mindestlohn.

8. Ist die Anspruchsgrundlage für den Lohnanspruch geregelt?

8. Ja, in § 611 a Abs. 2 BGB.

Check: Arbeit, Vergütung und Urlaub (Fortsetzung)

9. Wann ist der Anspruch auf den gesetzlichen Mindestlohn erfüllt?

9. Wenn die gezahlte Monatsbruttovergütung den Betrag erreicht, der sich aus der Multiplikation der Anzahl der in diesem Monat geleisteten Arbeitsstunden einschließlich der Zeiten der gesetzlich angeordneten Fortzahlung der Vergütung (z.B. Urlaub) mit den gesetzlichen Mindestlohn von 9,19 € ergibt. Es gilt ein umfassender Entgeltbegriff. Daher sind alle im Synallagma stehenden Geldleistungen des Arbeitgebers (z.B. Leistungsprämien) zu berücksichtigen.

10. Kann der Arbeitgeber gegen den Vergütungsanspruch Aufrechnung mit Gegenansprüchen erklären?

10. Ja, aber nach § 394 BGB nur unter Beachtung der Pfändbarkeitsschutzbestimmungen der §§ 850 ff. ZPO gegen den pfändbaren Teil des Nettolohnanspruchs.

11. Was setzt die Entstehung des Anspruchs auf den vollen gesetzlichen Mindesturlaub voraus und welche Dauer hat dieser Urlaub?

11. Nach §§ 1, 2 S. 2 BUrlG nur der rechtliche Bestand des Arbeitsverhältnisses (vgl. auch § 2 S. 2 BUrlG) und die (einmalige) Erfüllung der sechsmonatigen Wartezeit des § 4 BUrlG. Dauer des gesetzlichen Mindesturlaubs für alle Arbeitnehmer nach § 3 BUrlG: 24 Werktage.

12. Ist eine arbeitsvertragliche Regelung wirksam, nach der der Urlaubsanspruch spätestens mit Ablauf des 31.03. des Folgejahres erlischt, ohne dass es darauf ankommt, ob der Arbeitnehmer den Urlaub nehmen konnte?

12. Nein. Nach dem Wortlaut des § 7 Abs. 3 BUrlG erlischt zwar der Urlaub, wenn er nicht spätestens bis zum 31.03. des Folgejahres genommen wird. Diese Regelung ist aber europarechtskonform so auszulegen, dass der Urlaub bei fortbestehender Krankheit erst mit Ablauf von 15 Monaten nach dem Ende des Kalenderjahres, also mit dem 31.03. des übernächsten Jahres erlischt. Da gesetzlicher Mindesturlaub nach § 13 Abs. 1 BUrlG unabdingbar ist, ist die einzelvertragliche Regelung unwirksam.

13. Erlischt der Urlaubsanspruch auch dann, wenn der Arbeitgeber den Urlaub trotz Urlaubsverlangens des Arbeitnehmers nicht gewährt hat.

13. Ja, in diesem Fall entsteht allerdings ein Schadensersatzanspruch nach § 280 Abs. 1 BGB wegen vom Arbeitgeber zu vertretenden Unmöglichkeit der Urlaubsgewährung, der auf bezahlte Freistellung von der Arbeit (§ 249 BGB, Naturalrestitution) gerichtet ist.

14. Was setzt die Erfüllung des Urlaubsanspruchs voraus?

14. Arbeitsfähigkeit des Arbeitnehmers und vom Arbeitgeber im Voraus erklärte unwiderrufliche Befreiung von der Arbeitspflicht zu Erholungszwecken.

15. Setzt der Urlaubsabgeltungsanspruch die Wiedererlangung der Arbeitsfähigkeit voraus?

15. Nein. Nach der Aufgabe der sog. Surrogationstheorie nicht mehr, sondern nach § 7 Abs. 4 BUrlG nur noch die rechtliche Beendigung des Arbeitsverhältnisses.

5. Abschnitt: Nichterfüllung der Arbeitspflicht und Fallgruppen „Lohn ohne Arbeit"

A. Nichterfüllung der Arbeitspflicht und Schadensersatzpflicht des Arbeitnehmers

I. Kein vollstreckbarer Anspruch auf Erfüllung der Arbeitspflicht

Dem Arbeitgeber steht zwar nach h.M. ein **gerichtlich durchsetzbarer Anspruch auf Erbringung der Arbeitsleistung** durch den Arbeitnehmer zu. Der Anspruch auf Erfüllung der Arbeitspflicht ist jedoch nach Maßgabe des **§ 888 Abs. 3 ZPO nicht vollstreckbar** und damit nicht durch Zwangsgeld oder Zwangshaft erzwingbar. Da es sich bei der Arbeitspflicht um eine **höchstpersönliche Leistung** handelt (vgl. § 613 S. 1 BGB), scheidet auch eine Zwangsvollstreckung im Wege der Ersatzvornahme nach § 887 ZPO aus. Mit der Klage auf Erfüllung der Arbeitsverpflichtung kann allerdings der Arbeitgeber den Antrag verbinden, den Arbeitnehmer für den Fall, dass er die Arbeitstätigkeit aufgrund der rechtskräftigen Verurteilung nicht binnen einer bestimmten Frist aufnimmt, zur Zahlung einer vom Arbeitsgericht festzusetzenden **Entschädigung nach Maßgabe § 61 Abs. 2 S. 1 ArbGG** zu verurteilen.

§ 888 Abs. 3 ZPO steht der Verurteilung nach § 61 Abs. 2 ArbGG nicht entgegen, da es sich dabei nicht um eine andere Form der Vollstreckungsmöglichkeit, sondern um eine Verurteilung zu einer Schadenersatzleistung handelt. Der Arbeitgeber muss allerdings darlegen, dass ihm durch Nichtleistung der Arbeit ein Schaden entstanden ist. Das Gericht setzt den vom Kläger zu beziffernden Entschädigungsbetrag – ähnlich wie nach § 287 ZPO – nach freiem Ermessen unter Berücksichtigung der Umstände des Einzelfalls fest.

II. Rechtsfolgen bei Nichterfüllung der Arbeitspflicht

Bei Nichterfüllung der nach Zeitabschnitten geschuldeten Arbeitspflicht geht **der Anspruch des Arbeitgebers auf Erbringung der Arbeitsleistung nach § 275 Abs. 1 BGB durch Zeitablauf** auch dann unter, wenn der Arbeitnehmer die Unmöglichkeit der Arbeitsleistung (z.B. unentschuldigtes Fehlen) zu vertreten hat.

Mögliche Folgen der schuldhaften Verletzung der Arbeitspflicht durch den Arbeitnehmer

Die **schuldhafte Verletzung der Arbeitspflicht** berechtigt den Arbeitgeber zu einer **Abmahnung** und kann im Wiederholungsfall auch eine **verhaltensbedingte Kündigung** nach § 1 Abs. 2 KSchG, u.U. sogar außerordentliche Kündigung nach § 626 BGB, rechtfertigen. Darüber hinaus können dem Arbeitgeber wegen schuldhafter Nichterfüllung der Arbeitspflicht **Schadensersatzansprüche** nach § 280 Abs. 1 i.V.m. §§ 281, 282 bzw. 283 oder § 628 Abs. 2 BGB zustehen. Die gerichtliche Durchsetzung des Schadensersatzanspruchs setzt aber voraus, dass es dem Arbeitgeber gelingt konkret darzulegen und ggf. zu beweisen, dass und welcher Schaden konkret durch die Arbeitspflichtverletzung entstanden ist (z.B. Mehrkosten einer erforderlichen Ersatzkraft).

Steht allerdings fest, dass ein **Schaden** in zurechenbarer Weise verursacht wurde und liegen konkrete Anhaltspunkte, die wenigstens die Schätzung eines Mindestschadens ermöglichen, vor, muss das Gericht den geltend gemachten Schaden nach Maßgabe des **§ 287 ZPO schätzen**. Eine Schätzung darf nur dann unterbleiben, wenn sie mangels konkreter Anhaltspunkte vollkommen „in der Luft hinge" und daher willkürlich wäre; eine völlig abstrakte Berechnung des Schadens, auch in Form der Schätzung eines Mindestschadens, lässt § 287 ZPO grundsätzlich nicht zu.

B. Fallgruppen „Lohn ohne Arbeit"

Von dem Grundsatz „ohne Arbeit kein Lohn" (vgl. dazu oben S. 44) gibt es Arbeitsrecht aus Gründen des Arbeitnehmerschutzes eine Vielzahl von Ausnahmen, die unter diesem Oberbegriff „Lohn ohne Arbeit" zusammen gefasst werden. Greifen die gesetzlichen Ausnahmefälle ein, wird grds. kein neuer Vergütungsanspruch begründet, sondern der ursprüngliche Vergütungsanspruch lediglich aufrechterhalten. **Anspruchsgrundlage** ist daher in diesen Fällen grds. § 611 a Abs. 2 BGB i.V.m. der Sonderregelung „Lohn ohne Arbeit".

! Anspruchsgrundlage bei „Lohn ohne Arbeit".

I. Vom Arbeitgeber zu vertretende Unmöglichkeit der Arbeitsleistung, § 326 Abs. 2 S. 1 Alt. 1 BGB

Ist die Erbringung der Arbeitsleistung nachträglich aufgrund eines Umstandes nach § 275 Abs. 1 BGB unmöglich geworden, den der Arbeitgeber nach §§ 276, 278 BGB zu vertreten hat (z.B. von einem Arbeitnehmer verschuldete Beschädigung einer Produktionsmaschine), ist der Arbeitgeber nach § 326 Abs. 2 S. 1 Alt. 1 BGB zur Fortzahlung der geschuldeten Vergütung verpflichtet.

Der Arbeitnehmer muss sich allerdings nach § 326 Abs. 2 S. 2 BGB dasjenige anrechnen lassen, was er infolge der Befreiung von der Leistung erspart oder durch anderweitige Verwendung seiner Arbeitskraft erwirbt oder zu erwerben böswillig unterlässt (vgl. dazu unten S. 59).

II. Vorübergehende Verhinderung des Arbeitnehmers aus persönlichen Gründen, § 616 BGB

Ist der Arbeitnehmer aus persönlichen Gründen vorübergehend verhindert, die Arbeitsleistung zu erbringen, ohne dass ihn Verschulden trifft, wird er nach § 616 S. 1 BGB „des Anspruchs auf die Vergütung nicht verlustig".

Nach heute h.M. schafft § 616 S. 1 BGB bereits nach seinem Wortlaut keinen eigenständigen Vergütungsanspruch und ist daher **keine eigenständige Anspruchsgrundlage**, sondern bewirkt nur die Aufrechterhaltung der vertraglich geschuldeten Gegenleistung nach § 611 a Abs. 2 BGB.

Persönliche Gründe sind nach h.M. neben der körperlichen Verfassung des einzelnen Arbeitnehmers (Ausnahme: krankheitsbedingte Arbeitsunfähigkeit) alle aus seinen sozialen Bindungen erwachsenden Hindernisse (z.B. Tod eines nahen Angehörigen, eigene Hochzeit).

Nicht erfasst werden dagegen von § 616 BGB **objektive Leistungshindernisse,** aufgrund derer ein Arbeitnehmer nicht zur Arbeitsstelle gelangen kann (z.B. Glatteis, behördliches Verkehrsverbot). **Voraussetzungen des § 616 BGB sind:**

- Verhinderung des Arbeitnehmers an der Erbringung der Arbeitsleistung für einen verhältnismäßig nicht erhebliche Zeit (i.d.R. nur wenige Tage)

- Ein in seiner Person oder seinen persönlichen Verhältnissen liegender Grund, der nicht krankheitsbedingte Arbeitsunfähigkeit ist (dann § 3 EFZG)

- Der in der persönlichen Sphäre des Arbeitnehmers liegende Grund muss die alleinige Ursache für die Arbeitsverhinderung sein.

- Kein Verschulden des Arbeitnehmers, wobei als Verschulden nur eine verantwortliche Selbstgefährdung bzw. ein grober Verstoß in eigenen Angelegenheiten

- Keine Spezialregelung und keine Abweichung von § 616 BGB zum Nachteil des Arbeitnehmers; § 616 BGB tarif- und einzelvertraglich dispositiv

§ 616 BGB ist dispositiv und kann daher einzelvertraglich nach h.M. auch völlig ausgeschlossen werden, im Formulararbeitsvertrag allerdings nur, wenn es dafür einen sachlichen Rechtfertigungsgrund gibt, wie besondere Verhältnisse des Betriebs oder des Wirtschaftszweiges, § 307 Abs. 1 S. 1, Abs. 2 Nr. 2 BGB.

III. Entgeltfortzahlung im Krankheitsfall

1. Voraussetzungen des Anspruchs auf Entgeltfortzahlung im Krankheitsfall

a) Ist der Arbeitnehmer durch **krankheitsbedingte Arbeitsunfähigkeit** an der Erbringung der Arbeitsleistung gehindert, liegt an sich eine Verhinderung aus persönlichen Gründen gemäß § 616 BGB vor, für Arbeitnehmer gelten jedoch insoweit die **Spezialregelungen des EFZG**, das die Entgeltfortzahlung im Krankheitsfall regelt und **nach § 12 EFZG unabdingbar** ist (für Selbstständige verbleibt es beim § 616 BGB).

b) Nach h.M. wird durch **§ 3 Abs. 1 EFZG** trotz seines missverständlichen Wortlauts **kein eigenständiger Vergütungsanspruch** begründet, sondern – ebenso wie § 616 S. 1 BGB – der vertragliche Vergütungsanspruch lediglich aufrecht erhalten.

Voraussetzungen des Anspruchs auf Entgeltfortzahlung im Krankheitsfall sind:

- Wirksames Arbeitsverhältnis; Ausnahme: § 8 EFZG

- Grds. ununterbrochener vierwöchiger Bestand des Arbeitsverhältnisses gemäß § 3 Abs. 3 EFZG. Diese Wartezeit muss nach h.M. auch bei einem Arbeitsunfall erfüllt sein; Erkrankung vor Ablauf der Wartezeit des § 3 Abs. 3 EFZG führt nur zu einer Verschiebung des Beginns der Entgeltfortzahlung, nicht aber zu einer Verkürzung der Entgeltfortzahlungsdauer; kurzfristige rechtliche Unterbrechung des Arbeitsverhältnisses unschädlich, wenn enger sachlicher und zeitlicher Zusammenhang besteht.

- Arbeitsverhinderung infolge einer auf Krankheit beruhender Arbeitsunfähigkeit; Krankheit im medizinischen Sinne allein reicht also noch nicht aus, sie muss auch zur Arbeitsunfähigkeit führen.

- Krankheit muss die alleinige Ursache für den Arbeitsausfall sein.

- Kein Verschulden des Arbeitnehmers, wobei nicht der strenge Verschuldensmaßstab des § 276 BGB gilt. Verschulden i.S.d. § 3 EFZG meint grobes Verschulden gegen das von einem verständigen Menschen im eigenen Interesse zu erwartende Verhalten, sog. Verschulden gegen sich selbst.

- Kein Anspruchsverlust durch Forderungsübergang nach § 6 EFZG

5. Abschnitt Nichterfüllung der Arbeitspflicht und Fallgruppen „Lohn ohne Arbeit"

- Kein Leistungsverweigerungsrecht des Arbeitgebers nach § 7 EFZG wegen dem der Arbeitnehmer aus von ihm zu vertretenden Gründen die ihm nach § 5 Abs. 1 EFZG obliegenden Nachweispflicht bzw. Verpflichtungen bei Auslandserkrankung nicht nachkommt oder den Übergang des Schadensersatzanspruchs gegen den Schädiger auf den Arbeitgeber verhindert. Letzteres ist auch dann gegeben, wenn der Arbeitnehmer Durchsetzung der Rückgriffsansprüche gegen den Schädiger dadurch verhindert, dass er die ihm möglichen Angaben bezogen auf die Personen des Schädigers unterlässt.

- Beschränkung der Entgeltfortzahlung für die Dauer von sechs Wochen bei ununterbrochener Arbeitsunfähigkeit; gilt auch dann, wenn vor dem Ende der ersten Erkrankung, die keine sechs Wochen dauert, eine andere Erkrankung dazu tritt – Grundsatz der Einheit des Verhinderungsfalles. Nach Ablauf der 6-Wochenfrist erhält der Arbeitnehmer Krankengeld von der Krankenkasse.

c) Bei wiederholter Arbeitsunfähigkeit des Arbeitnehmers wegen derselben Krankheitsursache sind hinsichtlich des Entgeltfortzahlungsanspruchs **folgende Besonderheiten** zu beachten:

- **§ 3 Abs. 1 S. 2 Nr. 1 EFZG:** Neuer sechswöchiger Entgeltfortzahlungsanspruch nach § 3 EFZG, wenn zwischen dem Ende der letzten Arbeitsunfähigkeit und dem Beginn der neuen Arbeitsunfähigkeit ein Zeitraum von mehr als sechs Monaten dazwischen liegt.

- **§ 3 Abs. 1 S. 2 Nr. 2 EFZG:** Neuer Entgeltfortzahlungsanspruch für die Dauer von sechs Wochen auch dann, wenn zwischen dem Beginn der 1. Erkrankung wegen derselben Ursache und dem Beginn der erneuten Erkrankung wegen derselben Ursache einen Zeitraum von 12 Monaten liegt. Voraussetzung in diesem Fall ist allerdings, dass keine ununterbrochene krankheitsbedingte Arbeitsunfähigkeit vorliegt, der Arbeitnehmer dazwischen – wenn auch nur für einen Tag – wieder arbeitsfähig war.

d) Der krankheitsbedingten Arbeitsunfähigkeit werden gleichgestellt Verhinderungen wegen

- Maßnahmen der medizinischen Vorsorge und Rehabilitation, § 9 EFZG,

- Schwangerschaftsabbruchs und Sterilisation (§ 3 Abs. 2 EFZG),

- Arbeitsunfähigkeit infolge der Spende von Organen, Geweben oder Blut, § 3 a EFZG.

2. Höhe der Entgeltfortzahlung im Krankheitsfall

Die Höhe der Entgeltfortzahlung im Krankheitsfall richtet sich grds. **gemäß § 4 Abs. 1 EFZG** nach dem **Lohnausfallprinzip**. Dem Arbeitnehmer ist das Arbeitsentgelt fortzuzahlen, das er bei der für ihn maßgebenden regelmäßigen Arbeitszeit verdient hätte, wenn er nicht arbeitsunfähig wäre.

Ausnahme: § 4 Abs. 1 a EFZG, wonach das **zusätzlich für Überstunden gezahlte Arbeitsentgelt außer Betracht** bleibt.

IV. Feiertagsvergütung nach § 2 EFZG

Fällt die Arbeitszeit infolge eines gesetzlichen Feiertages aus, hat der Arbeitgeber dem Arbeitnehmer nach § 2 Abs. 1 EFZG das Arbeitsentgelt zu zahlen, das er ohne den Arbeitsausfall erhalten hätte (sog. **Lohnausfallprinzip**). Da § 4 a Abs. 1 EFZG nur auf die Entgeltfortzahlung im Krankheitsfall nach § 3 Abs. 1 bzw. § 3 a EFZG Bezug nimmt, nicht dagegen auf § 2 EFZG verweist, ist die Feiertagsvergütung – anders als die Entgeltfortzahlung im Krankheitsfall – auch für die ausgefallenen Überstunden einschließlich der Überstundenzuschläge zu zahlen (vgl. auch § 2 Abs. 2 EFZG zur Kurzarbeit und Feiertagsvergütung).

Einen wichtigen **Anspruchsausschluss** regelt **§ 2 Abs. 3 EFZG**. Danach haben Arbeitnehmer, die am letzten Arbeitstag vor oder am ersten Arbeitstag nach Feiertagen unentschuldigt der Arbeit fernbleiben, keinen Anspruch auf Bezahlung für diese Feiertage.

V. Annahmeverzug des Arbeitgebers

1. Voraussetzungen des Annahmeverzuges

Gerät der Arbeitgeber mit der Annahme der Arbeitsleistung in Annahmeverzug nach Maßgabe der §§ 293 ff. BGB, so kann der Arbeitnehmer für die infolge des Verzugs ausgefallene Arbeit nach § 615 S. 1 BGB die vereinbarte Vergütung verlangen, ohne zur Nachleistung verpflichtet zu sein. Auch § 615 S. 1 BGB begründet keinen eigenständigen Anspruch, sondern hält den Vergütungsanspruch nach § 611 a Abs. 2 BGB lediglich aufrecht. **Anspruchsgrundlage für den Annahmeverzugslohn** ist daher **§ 611 a Abs. 2 BGB i.V.m. § 615 S. 1 BGB**.

a) Voraussetzung des Annahmeverzuges des Arbeitgebers nach §§ 293 ff. BGB sind:

- Erfüllbarer Anspruch des Arbeitgebers auf Erbringung der Arbeitsleistung, also wirksamer Arbeitsvertrag
- Nichtannahme der Arbeitsleistung des Arbeitnehmers
- Grds. ordnungsgemäßes Angebot der Arbeitsleistung durch den Arbeitnehmer
- Leistungsfähigkeit und Leistungswilligkeit des Arbeitnehmers, § 297 BGB (= rechtsvernichtende Einwendung)

b) Für die **Begründung des Annahmeverzuges** ist dabei nach **§ 294** BGB **grds. ein tatsächliches Angebot** erforderlich. Der Arbeitnehmer muss daher seine Arbeit tatsächlich zur rechten Zeit, am rechten Ort und in der rechten Weise anbieten.

Ein **wörtliches Angebot** reicht grds. nur beim **Vorliegen der Voraussetzungen des § 295 BGB** aus.

Ohne jegliches Arbeitsangebot des Arbeitnehmers gerät der Arbeitgeber nur ausnahmsweise **beim Vorliegen der Voraussetzungen des § 296 BGB** in Annahmeverzug.

Hauptfall: Nichtbeschäftigung nach Ablauf des angenommenen Beendigungszeitpunkts bei einer unwirksamer Arbeitgeberkündigung

c) Die für die Begründung des Annahmeverzuges nach § 297 BGB erforderliche **Leistungsfähigkeit des Arbeitnehmers fehlt**, insbesondere dann, wenn der Arbeitnehmer aufgrund seines Gesundheitszustandes, die ihm vom Arbeitgeber aufgrund seines Direktionsrechts nach § 106 S. 1 GewO näher bestimmte Arbeitsleistung gar nicht oder nicht wie geschuldet im vollen Umfang erbringen kann und dem Arbeitgeber daher nur eine **„gesundheitsgerechte Leistung"** anbietet.

Der Arbeitgeber kann allerdings in diesen Fällen aufgrund der ihm **obliegenden Rücksichtnahmepflicht aus § 241 Abs. 2 BGB** verpflichtet sein, von seinem Direktionsrecht erneut Gebrauch zu machen und die vom Arbeitnehmer zu erbringende Leistung innerhalb des arbeitsvertraglich vereinbarten Rahmens anderweitig derart zu konkretisieren, dass dem Arbeitnehmer die Leistungserbringung wieder möglich wird. Unterlässt er schuldhaft die Zuweisung einer derartigen Tätigkeit, schuldet er nach **§ 280 Abs. 1 BGB Schadensersatz**.

2. Rechtsfolgen des Annahmeverzuges

a) Aufgrund des Annahmeverzuges muss der Arbeitgeber den **Annahmeverzugslohn nach § 611 a Abs. 2 i.V.m. § 615 S. 1 BGB zahlen.** Es ist grds. die Vergütung, die der Arbeitnehmer verdient hätte, wenn er gearbeitet hätte (sog. **Lohnausfallprinzip**). Da der Arbeitnehmer durch den Annahmeverzug zwar keine Nachteile erleiden, daraus aber auch keine Vorteile ziehen soll, sind **auf den Annahmeverzugslohn nach § 615 S. 2 BGB anzurechnen:**

- Ersparnisse aufgrund des Ausfalls der Dienstleistung, insb. Aufwendungen, die zwangsläufig entfallen, anrechnen lassen
- Anderweitiger Verdienst während des Annahmeverzuges, den der Arbeitnehmer tatsächlich erzielt hat oder zu erzielen böswillig unterlassen hat

Geht es um die Anrechnung des anderweitigen Verdienstes **im Rahmen eines Kündigungsschutzprozesses** tritt anstelle des § 615 S. 2 BGB die **Sonderregelung des § 11 KSchG**.

b) Ein **anderweitiger Verdienst des Arbeitnehmers** ist auf die Vergütung für die gesamte Dauer des Annahmeverzuges anzurechnen **(Gesamtabrechnung)** und nicht nur auf die Vergütung für den Zeitabschnitt, in dem der anderweitige Erwerb (pro rata temporis) erzielt wurde. Der Arbeitnehmer braucht sich allerdings nicht alles anrechnen zu lassen, was er durch seine Arbeitskraft erwirbt, sondern nur dasjenige, was er durch anderweitige Verwertung desjenigen Teils seiner Arbeitskraft erwirbt, den er dem Arbeitgeber zur Verfügung zu stellen verpflichtet war.

Beispiel: Bisheriger Verdienst: 1.600 € bei 160 Monatsstunden, also 10 € pro Stunde. Annahmeverzugsdauer während des gewonnenen Kündigungsschutzprozesses: sechs Monate. Anderweitiger Verdienst: vier Monate bei 170 Monatsstunden: 2.040 €, also 12 € pro Stunde, kein Arbeitslosengeld.

Annahmeverzugslohn: 1.600 € x sechs Monate = 9.600 €. Anrechnung nach § 11 Nr. 1 KSchG: 9.600 € – 7.680 (vier Monate x 160 Stunden x 12 €) = Anspruch nach § 611 a Abs. 2 BGB i.V.m. § 615 S. 1 BGB und § 11 Nr. 1 KSchG: 1.920 €.

c) Böswilliges Unterlassen anderweitiger Tätigkeit liegt vor, wenn der Dienstverpflichtete in Kenntnis der objektiven Umstände – Arbeitsmöglichkeit, Zumutbarkeit der Arbeit – dennoch untätig bleibt oder die Aufnahme der Arbeit verhindert. Eine Schädigungsabsicht ist nicht erforderlich. Es genügt, dass der Arbeitnehmer vorsätzlich grundlos Arbeit ablehnt oder vorsätzlich verhindert.

Die **Zumutbarkeit der anderweitigen Beschäftigung** ist unter Berücksichtigung aller Umstände nach Treu und Glauben aus Sicht des Arbeitnehmers zu prüfen. Böswilliges Unterlassen kann grds. auch dann vorliegen, wenn der Arbeitnehmer eine sog. Prozessbeschäftigung während eines Bestandsschutzprozesses ablehnt. In diesem Fall ist allerdings aufbaumäßig zunächst die Leistungswilligkeit nach § 297 BGB zu prüfen, die den Anspruch ausschließt.

VI. Betriebsrisiko des Arbeitgebers, § 615 S. 3 BGB

Bei Unmöglichkeit der Erbringung der Arbeitsleistung, die keine Partei zu vertreten hat, müsste der Vergütungsanspruch an sich nach § 326 Abs. 1 BGB untergehen. Da jedoch der Arbeitgeber den Betrieb organisiert und nach dem Grundgedanken des § 615 BGB auch das Risiko der Verwendbarkeit der Arbeitsleistung trägt, wurde es schon früher als nicht sachgerecht angesehen, wenn der leistungsfähige und leistungswillige Arbeitnehmer die Vergütung für seinen Lebensunterhalt aufgrund eines Umstandes verlieren würde, der in der betrieblichen Sphäre lag. Um sachgerechte Ergebnisse zu erzielen, wurde daher die sog. **Betriebsrisikolehre** entwickelt.

Der im Zuge der Schuldrechtsreform eingeführte § 615 S. 3 BGB regelt jetzt zwar ausdrücklich, dass die Sätze 1 und 2 des § 615 BGB entsprechend gelten, wenn der Arbeitgeber das Risiko des Arbeitsausfalles zu tragen hat. Keine Regelung enthält das Gesetz dazu, wann der Arbeitgeber das Risiko zu tragen hat. Nach seiner Zielsetzung dient jedoch § 615 S. 3 BGB (Amtliche Überschrift: „Vergütung bei Annahmeverzug und bei Betriebsrisiko") nur der Klarstellung, sodass keine Änderung der bisherigen Rechtslage eintreten sollte, also Grundsätze der Betriebsrisikolehre weiterhin gelten sollen. Nach diesen Grundsätzen hat der **Arbeitgeber das Arbeitsentgeltrisiko** (also die Gegenleistungsgefahr beim Arbeitsvertrag) zu tragen, **wenn folgende Voraussetzungen erfüllt sind**:

- Leistungsfähigkeit und Leistungsbereitschaft des Arbeitnehmers
- Unmöglichkeit der Erbringung der Arbeitsleistung infolge höherer Gewalt, Eingriffe Dritter oder einer technischen Störung (betriebliche Sphäre des Arbeitgebers)
- Keine Partei hat die Unmöglichkeit zu vertreten
- Keine Sonderregelung, da § 615 S. 3 BGB grds. dispositiv ist

Ausnahmen sind nach h.M. von dieser „Gefahrtragungsregelung" zu machen bei:

- Existenzgefährdung des Betriebes, die nach der h.M. eine Lohnminderung, u.U. sogar einen Wegfall des Lohnanspruchs zur Folge haben kann
- Betriebsstörung als Folge des Arbeitskampfes, da in diesem Fall die Grundsätze des Arbeitskampfrisikos gelten

Von den Betriebsrisikofällen sind zum einen die Fälle zu unterscheiden, in denen die Fortsetzung des Betriebs zwar technisch möglich, wegen Auftrags- oder Absatzmangels aber wirtschaftlich sinnlos ist. Dieses sog. **Wirtschaftsrisiko** hat der Arbeitgeber immer zu tragen. Zum anderen sind Fälle zu unterscheiden, in denen der Arbeitnehmer den Arbeitsplatz (z.B. Verkehrsverbot, Eisglätte) nicht erreichen kann. Dieses sog. **Wegerisiko** hat grds. der Arbeitnehmer zu tragen.

VII. Arbeitsversäumnis von Arbeitnehmervertretern

a) Für die Dauer der Verrichtung einer **während der Arbeitszeit** objektiv erforderlichen **Betriebstätigkeit** werden Betriebsratsmitglieder nach § 37 Abs. 2 BetrVG kraft Gesetzes von der Erbringung der vertraglich geschuldeten Tätigkeit unter Fortzahlung der Vergütung (Lohnausfallprinzip) befreit.

Wird dagegen die erforderliche **Betriebsratstätigkeit außerhalb der persönlichen Arbeitszeit** des Betriebsratsmitglieds verrichtet, steht ihm grds. nur ein Freistellungsanspruch nach Maßgabe § 37 Abs. 3 BetrVG zu.

b) Für die **Dauer einer erforderlichen Schulungsveranstaltung i.S.d. § 37 Abs. 6 BetrVG** hat ein Betriebsratsmitglied ebenfalls einen Anspruch auf Fortzahlung der Vergütung nach § 37 Abs. 2 BetrVG.

Davon unabhängig besteht auch bei sog. geeigneten Schulungsveranstaltungen i.S.d. § 37 Abs. 7 BetrVG ein Entgeltfortzahlungsanspruch, der aber für die Dauer der regelmäßigen Amtszeit grds. auf drei Wochen beschränkt ist.

Das Gleiche gilt für **Mitglieder des Personlrates** nach § 46 BPersVG bzw. dem jeweiligen LPersVG (vgl. auch § 179 Abs. 4 SGB IX für **Vertrauenspersonen der Schwerbehinderten**).

VIII. Mutterschutzrechtliche Beschäftigungsverbote

Schwangere haben gegen ihren Arbeitgeber einen Anspruch auf **Mutterschutzlohn nach Maßgabe § 17 MuSchG** (vgl. auch § 21 MuSchG), wenn sie wegen eines **Beschäftigungsverbots außerhalb der Schutzfristen vor oder nach der Entbindung** (vgl. dazu § 3 MuSchG) teilweise oder gar nicht beschäftigt werden darf.

Bei **Beschäftigungsverboten während Schutzfristen vor und nach der Entbindung** des § 3 MuSchG besteht nach Maßgabe des § 20 MuSchG ein **Anspruch auf Zuschuss zum Mutterschaftsgeld**. Es handelt sich dabei um einen gesetzlich begründeten Anspruch auf teilweise Fortzahlung des Arbeitsentgelts in Höhe der Differenz zwischen dem Mutterschaftsgeld von z.Z. 13 € und dem durchschnittlichen Arbeitsentgelt nach § 21 MuSchG.

Check: Nichterfüllung der Arbeitspflicht – Lohn ohne Arbeit

1. Kann der Arbeitnehmer zur Erbringung der Arbeitsleistung letztlich gezwungen werden?

1. Nein, der Arbeitgeber hat nach h.M. einen gerichtlich durchsetzbaren Anspruch auf Erbringung der Arbeitsleistung. Dieser ist jedoch nach Maßgabe des § 888 Abs. 3 ZPO nicht vollstreckbar und damit nicht durch Zwangsgeld oder Zwangshaft erzwingbar, da es sich bei der Arbeitspflicht um eine höchstpersönliche Leistung handelt.

2. Welche Rechtsfolgen kann die schuldhafte Nichterfüllung der Arbeitspflicht auslösen?

2. Abmahnung, im Wiederholungsfall auch eine verhaltensbedingte Kündigung nach § 1 Abs. 2 KSchG, u.U. sogar außerordentliche Kündigung nach § 626 BGB. Außerdem können dem Arbeitgeber wegen schuldhafter Nichterfüllung der Arbeitspflicht Schadensersatzansprüche nach § 280 Abs. 1 i.V.m. §§ 281, 282 bzw. 283 oder § 628 Abs. 2 BGB zustehen.

3. Setzt das Bestehen eines Vergütungsanspruchs des Arbeitnehmers zwingend voraus, dass er die vertraglich geschuldete Arbeitsleistung auch erbracht hat?

3. Nein, aus Gründen des Arbeitnehmerschutzes gibt es gesetzlich geregelte Ausnahmefälle, die unter dem Oberbegriff „Lohn ohne Arbeit" zusammengefasst werden.

4. Kann dem Arbeitnehmer bei einer kurzfristigen Arbeitsverhinderung ein Vergütungsanspruch zustehen?

4. Ja, wenn es sich dabei um eine Arbeitsverhinderung aus persönlichen Gründen i.S.d. § 616 BGB handelt und keine abweichende Regelung vorliegt. Objektive Leistungshindernisse erfasst § 616 BGB dagegen nicht.

5. Besteht der Anspruch auf Entgeltfortzahlung im Krankheitsfall immer dann, wenn der Arbeitnehmer infolge krankheitsbedingter Arbeitsunfähigkeit an der Erbringung der Arbeitsleistung verhindert ist?

5. Nein, der Entgeltfortzahlungsanspruch nach § 3 Abs. 1 EFZG setzt zum einen voraus, dass die vierwöchige Wartezeit des § 3 Abs. 3 EFZG erfüllt und die krankheitsbedingte Arbeitsunfähigkeit die alleinige Ursache für den Arbeitsausfall ist. Er ist grds. auf die Dauer von sechs Wochen beschränkt und entfällt, wenn der Arbeitnehmer die krankheitsbedingte Arbeitsunfähigkeit selbst verschuldet hat. Für das Verschulden i.S.d. § 3 Abs. 1 EFZG gilt allerdings nicht der strenge Verschuldensmaßstab des § 276 BGB. Erforderlich ist vielmehr sog. grobes Verschulden gegen sich selbst.

6. Wie ist die Höhe der Entgeltfortzahlung im Krankheitsfall zu ermitteln?

6. Gemäß § 4 Abs. 1 EFZG grds. nach dem sog. Lohnausfallprinzip, es ist also die Vergütung zu zahlen, die der Arbeitnehmer erzielt hätte, wenn er nicht arbeitsunfähig krank gewesen wäre. Nach § 4 Abs. 1 a EFZG bleibt aber das zusätzlich für Überstunden gezahlte Arbeitsentgelt außer Betracht.

Check: Nichterfüllung der Arbeitspflicht – Lohn ohne Arbeit (Fortsetzung)

7. Kann der Arbeitnehmer die Entgeltfortzahlung auch dann verlangen, wenn die Arbeit infolge eines Feiertages ausgefallen ist?

7. Ja, nach § 2 Abs. 1 EFZG, wobei insoweit auch Vergütung für ausgefallene Überstunden zu zahlen ist. Der Anspruch entfällt allerdings nach § 2 Abs. 3 EFZG, wenn der Arbeitnehmer vor oder nach einem Feiertag unentschuldigt gefehlt hat.

8. Unter welchen Voraussetzungen kann der Arbeitnehmer die Fortsetzung der Vergütung als sog. Annahmeverzug verlangen?

8. Erfüllbarer Anspruch des Arbeitgebers auf Erbringung der Arbeitsleistung, Nichtannahme der Arbeitsleistung, grds. ordnungsgemäßes Arbeitsangebot des Arbeitnehmers nach §§ 294 ff. BGB und kein Anspruchsausschluss wegen fehlender Leistungsfähigkeit oder Leistungswilligkeit des Arbeitnehmers, § 297 BGB (= rechtsvernichtende Einwendung).

9. Welcher ist der Hauptfall, bei dem der Arbeitgeber auch ohne ein Arbeitsangebot des Arbeitnehmers in Annahmeverzug gerät?

9. Nichtbeschäftigung des Arbeitnehmers nach einer Arbeitgeberkündigung nach dem vorgesehenen Beendigungstermin. In diesem Fall ist ein Arbeitsangebot nach § 296 BGB entbehrlich.

10. Muss sich der Arbeitnehmer auf den Annahmeverzugslohn den während eines Kündigungsschutzprozesses anderweitig erzielten Arbeitsverdienst anrechnen lassen?

10. Ja, nach § 11 Nr. 1 KSchG (lex specialis gegenüber § 615 S. 2 BGB), wobei nach h.M. nicht nur eine Anrechnung nach einzelnen Zeitabschnitten (Monaten), sondern eine Gesamtabrechnung für die gesamte Dauer des Annahmeverzuges vorzunehmen ist.

11. Unter welchen Voraussetzungen besteht grundsätzlich ein Anspruch auf Fortzahlung der Vergütung nach den Grundsätzen der sog. Betriebsrisikolehre?

11. Leistungsfähigkeit und Leistungsbereitschaft des Arbeitnehmers, von keiner Partei zu vertretende Unmöglichkeit der Erbringung der Arbeitsleistung aus Gründen, die in der betrieblichen Sphäre des Arbeitgebers liegen (z.B. technische Störung) und keine Sonderregelung, da § 615 S. 3 BGB grds. dispositiv ist.

12. Kann einem ein Betriebsratsmitglied ein Anspruch Fortzahlung der Vergütung zustehen, wenn er während seiner Arbeitszeit Betriebsratstätigkeiten verrichtet hat?

12. Ja, weil er nach § 37 Abs. 2 BetrVG kraft Gesetzes von der Erbringung der vertraglich geschuldeten Tätigkeit unter Fortzahlung der Vergütung (Lohnausfallprinzip) befreit ist. Es muss aber eine erforderliche Betriebsratstätigkeit sein.

13. Können Schwangere die volle Vergütung verlangen, wenn „schwangerschaftsbedingt" keine Arbeitsleistung erbracht werden kann?

13. Der Schwangeren kann ein Anspruch auf Mutterschutzlohn nach Maßgabe § 17 MuSchG zustehen, wenn sie wegen eines Beschäftigungsverbots außerhalb der Schutzfristen vor oder nach der Entbindung nicht gearbeitet hat.

C. Nebenpflichten der Arbeitsvertragsparteien

Wie in jedem Vertragsverhältnis bestehen auch im Arbeitsverhältnis zahlreiche Nebenpflichten der Arbeitsvertragsparteien. Diese Nebenpflichten werden – heute nicht mehr ganz zeitgemäß – **traditionell** häufig immer noch unter dem **Oberbegriff**

- **„Fürsorgepflichten für den Arbeitgeber"** und

- **„Fürsorgepflichten für den Arbeitnehmer"** zusammengefasst.

Soweit nicht spezielle Vorschriften den Arbeitsvertragsparteien bestimmte Pflichten auferlegen (z.B. § 12 Abs. 1 AGG, § 618 BGB, § 60 HGB), sind die „Fürsorge- und Treuepflichten" als **Rücksichtnahme- bzw. Schutzpflichten aus § 241 Abs. 2 BGB** abzuleiten.

I. Nebenpflichten des Arbeitgebers

1. Einzelne Nebenpflichten des Arbeitgebers

Zu den wichtigsten Schutz- und Rücksichtnahmepflichten des Arbeitgebers aus § 241 Abs. 2 BGB gehören:

- **Pflicht zum Schutz von Leben und Gesundheit des Arbeitnehmers**, die heute weitgehend gesetzlich geregelt ist

Neben zahlreichen speziellen Arbeitsschutzbestimmungen (z.B. ArbSchG, ArbeitssicherheitsG, JArbSchG) sind diese Pflichten in den für alle Arbeitnehmer geltenden §§ 617 ff. BGB und für Handlungsgehilfen in § 62 HGB geregelt.

- **Schutz der Persönlichkeit der Arbeitnehmer**

Die Verpflichtung des Arbeitgebers, das sich aus Art. 2 Abs. 1 GG ergebende Persönlichkeitsrecht der Arbeitnehmer zu schützen, beinhaltet insbesondere die Verpflichtung zum Schutz vor Diskriminierungen und sexuellen Belästigungen (vgl. auch § 12 AGG), Ehrverletzungen, Mobbing, zum Schutz vor unzulässigen Kontroll- und Überwachungsmaßnahmen sowie generell zur Beachtung der Datenschutzbestimmungen.

- **Pflicht zum Schutz von Vermögen und der eingebrachten Sachen des Arbeitnehmers**

Der Arbeitgeber ist allerdings nicht verpflichtet, generell die Vermögensinteressen des Arbeitnehmers wahrzunehmen und sein Eigentum zu schützen. Letzteres nur insoweit, als der Arbeitnehmer Sachen berechtigterweise in den Betrieb eingebracht hat. Er ist darüber hinaus insbesondere auch verpflichtet, den Arbeitnehmer ordnungsgemäß anzumelden, die Vergütung ordnungsgemäß abzurechnen sowie die Steuern und Sozialversicherungsbeiträge einzubehalten und abzuführen. Es können im Einzelfall auch Aufklärungspflichten bestehen, eine allgemeine Aufklärungspflicht besteht allerdings nicht.

2. Mögliche Rechtsfolgen bei Nebenpflichtverletzungen durch den Arbeitgeber

Die **Verletzung der einzelnen Nebenpflichten** durch den Arbeitgeber kann abhängig von der Art der Pflichtverletzung folgende **Rechtsfolgen** auslösen:

- Handlungs- oder Unterlassungspflichten des Arbeitgebers, auf die ein einklagbarer Erfüllungsanspruch besteht (z.B. Gesundheitsschutzmaßnahmen nach § 618 BGB, Unterlassung einer unzulässigen heimlichen Videoüberwachung am Arbeitsplatz nach § 1004 Abs. 1 BGB analog i.V.m. § 823 Abs. 1 BGB)

- Zurückbehaltungsrechte des Arbeitnehmers nach § 273 BGB mit der Folge, dass der Vergütungsanspruch nach § 611 a Abs. 2 i.V.m. § 615 BGB fortbesteht

- Schadensersatzansprüche des Arbeitnehmers, § 280 Abs. 1 BGB

- Recht zur außerordentlichen Kündigung nach § 626 BGB (i.d.R. erst nach einer Abmahnung) verbunden mit einem Schadensersatzanspruch nach § 628 Abs. 2 BGB und

- Sachvortrags- oder Beweisverwertungsverbot bei besonders schwerwiegender Verletzung des allgemeinen Persönlichkeitsrechts des Arbeitnehmers durch unzulässige heimliche Überwachung

II. Nebenpflichten des Arbeitnehmers

1. Einzelne Nebenpflichten des Arbeitnehmers

Zu den wichtigsten Schutz- und Rücksichtnahmepflichten des Arbeitnehmers (Pflicht zur Vertragstreue) nach § 241 Abs. 2 BGB gehören:

- Verbot von Konkurrenztätigkeiten (vgl. §§ 60, 61 HGB zum sog. Wettbewerbsverbot, die allg. Rechtsgedanken enthalten)

- Verbot der Abwerbung von Mitarbeitern

- Verschwiegenheitspflicht hinsichtlich Betriebs- und Geschäftsgeheimnissen

- Schmiergeldverbot (vgl. auch § 12 UWG)

- Einhaltung der bestehenden Verhaltensregeln zur Sicherung des ungestörten Arbeitsablaufs und der Ordnung im Betrieb

(z.B. Alkohol-, Drogen- und Rauchverbote sowie Verbot der Privatnutzung von Firmeneigentum)

- Anzeige- und Nachweispflichten im Krankheitsfall nach Maßgabe des § 5 EFZG
- Sorgfalts- und Schadensabwendungspflichten

2. Mögliche Rechtsfolgen bei Nebenpflichtverletzungen durch den Arbeitnehmer

Rechtsfolgen der Verletzung bestehender Nebenpflichten durch den Arbeitnehmer können sein:

- Abmahnung, die jedenfalls grds. kein Verschulden voraussetzt
- Schadensersatz nach § 280 Abs. 1 BGB bei schuldhafter Pflichtverletzung
- Kündigung des Arbeitsverhältnisses nach einer einschlägigen Abmahnung. In besonders schwerwiegenden Fällen sogar auch eine außerordentliche Kündigung nach § 626 BGB ohne vorherige Abmahnung

D. Haftung im Arbeitsverhältnis und innerbetrieblicher Schadensausgleich

Für die Haftung im Arbeitsrecht gelten **grundsätzlich die allgemeinen zivilrechtlichen Regeln der vertraglichen und der deliktischen Haftung**. Bei schuldhafter Schadenszufügung durch eine Vertragspartei können daher der anderen Arbeitsvertragspartei Schadensersatzansprüche aus § 280 Abs. 1 BGB bzw. §§ 823 ff. BGB zustehen.

Es sind aber einige wichtige **arbeitsrechtliche Besonderheiten** zu berücksichtigen. Diese gelten insbesondere bei

- Haftung der Arbeitsvertragsparteien nach einem Arbeitsunfall und
- Haftung des Arbeitnehmers wegen Pflichtverletzungen, die im Zusammenhang mit betrieblich veranlassten Tätigkeiten stehen.

D. Haftung im Arbeitsverhältnis und innerbetrieblicher Schadensausgleich

5. Abschnitt

I. Haftung im Arbeitsverhältnis nach einem Arbeitsunfall

1. Haftungsprivilegierung des Arbeitgebers nach § 104 SGB VII

a) Die **Haftung des Arbeitgebers für Personenschäden** aufgrund von **Arbeitsunfällen und Berufskrankheiten**, die der Arbeitgeber nach §§ 276, 278 BGB zu vertreten hat bzw. für die er nach §§ 823 ff. BGB einzustehen hat, ist **nach § 104 Abs. 1 SGB VII ausgeschlossen,** es sei denn, dass der Arbeitgeber den Personenschaden vorsätzlich oder auf einem nach § 8 Abs. 1 Nr. 1- 4 SGB VII versicherten Wegeunfall verursacht hat. Für solche **Personenschäden haftet** der **Träger der gesetzlichen Unfallversicherung**. Nach h.M. entfällt der Haftungsausschluss nicht bereits dann, wenn der Arbeitgeber eine Pflichtverletzung vorsätzlich begangen hat. Vielmehr muss sich der **Vorsatz auch** auf die **Rechtsgutverletzung** beziehen. Bedingter Vorsatz genügt allerdings.

Maßgeblicher Grund für die Haftungsprivilegierung des Arbeitgebers bei Personenschäden aufgrund von Arbeitsunfällen: Gedanke der Haftungsablösung durch die alleinige Beitragspflicht des Arbeitgebers für die gesetzliche Unfallversicherung.

Von den **nicht haftungsprivilegierten Wegeunfällen** i.S.d. § 8 Abs. 2 SGB VII sind allerdings **die haftungsprivilegierten Betriebswegeunfälle zu unterscheiden**, die nach § 8 Abs. 1 S. 1 SGB VII versicherte Tätigkeit sind. Für die Einordnung als Betriebsweg kommt es darauf an, ob der Weg im unmittelbaren Betriebsinteresse unternommen wird (z.B. Beförderung von Arbeitskollegen zur Baustelle) oder lediglich der versicherten Tätigkeit vorausgeht.

Hauptgrund für den Ausschluss des Haftungsprivilegs bei Wegeunfällen: Betriebliche Risiken spielen grds. keine Rollen. Es realisiert sich vielmehr die besondere Gefährdung im Straßenverkehr (früher §§ 636, 637 RVO: „Teilnahme am allgemeinen Verkehr").

Bei Sachschäden greift die Haftungsprivilegierung des § 104 SGB VII nicht ein.

b) Obwohl der Träger der gesetzlichen Unfallversicherung dem geschädigten Arbeitnehmer kein Schmerzensgeld zahlt, sind aufgrund der Haftungsprivilegierung des **§ 104 SGB VII** nach ganz h.M. **auch Schmerzensgeldansprüche gegen den Arbeitgeber ausgeschlossen.** Zur Rechtfertigung wird herangeführt, dass der geschädigte Arbeitnehmer zwar keinen Schmerzensgeldanspruch hat, dafür aber mit dem gesetzlichen Unfallversicherungsträger einen solventen Anspruchsgegner enthält und daher das Insolvenzrisiko nicht tragen muss.

c) Die **Haftung des Arbeitgebers für Personenschäden aufgrund eines Arbeitsunfalls** ist zunächst gegenüber den im Betrieb versicherungspflichtig tätigen Arbeitnehmern ausgeschlossen. Nicht erforderlich ist, dass ein wirksamer Arbeitsvertrag besteht. Ausreichend ist vielmehr, dass der Versicherte im Betrieb tat-

67

sächlich beschäftigt ist. Von dem Haftungsausschluss werden daher auch die im Betrieb beschäftigten Leiharbeitnehmer erfasst.

2. Haftungsprivilegierung der Arbeitnehmer nach §§ 105, 106 Abs. 3 Alt. 3 SGB VII

a) Nach § 105 Abs. 1 SGB VII sind **Arbeitnehmer**, die durch eine berufliche Tätigkeit einen Versicherungsfall von Versicherten **desselben Betriebes** (nicht Unternehmens!) verursachen, diesen sowie deren Angehörigen und Hinterbliebenen zum Ersatz von **Personenschäden** ebenfalls nur verpflichtet, wenn sie den Arbeitsunfall vorsätzlich oder auf einem nach § 8 Abs. 2 Nr. 1–4 SGB VII versicherten Weg (Wegeunfall) herbeigeführt haben. Die Haftungsprivilegierung nach §§ 105, 106 Abs. 3 Alt. 3 SGB VII erstreckt sich – ebenso wie nach § 104 SGB VII – **nicht auf Sachschäden**. Dafür haften Arbeitnehmer dem Geschädigten nach allgemeinen Grundsätzen.

b) Von dem **Haftungsausschluss nach § 104 SGB VII** erfasst sind die **Arbeitnehmer des Unternehmens und Personen,** die zwar keine Arbeitnehmer des Unternehmens sind, in dessen Betrieb sich der Unfall ereignet hat, sondern dort **wie Beschäftigte für das Unternehmen tätig** sind. Der Haftungsausschluss besteht in diesen Fällen auch dann, wenn die betriebsangehörigen Arbeitnehmer einen versicherten Betriebsfremden verletzen und entsprechend, wenn der versicherte Betriebsfremde den Arbeitnehmer verletzt.

c) § 106 Abs. 3 Alt. 3 SGB VII erweitert die Haftungsbeschränkungen der §§ 104, 105 SGB VII auf Fälle, in denen Versicherte mehrerer Unternehmen vorübergehend **betriebliche Tätigkeiten auf einer gemeinsamen Betriebsstätte** verrichten. Voraussetzung dieser Haftungsbeschränkung ist, dass Schädiger und Geschädigter Versicherte der gesetzlichen Unfallversicherung sind.

II. Haftung der Vertragsparteien außerhalb der Haftungsprivilegierung nach §§ 104–106 SGB VII

1. Haftung des Arbeitnehmers gegenüber dem Arbeitgeber

Für die Haftung des Arbeitnehmers gelten grds. die allgemeinen zivilrechtlichen Haftungsregeln. Der Arbeitnehmer müsste daher beim Vorliegen einer Vertragspflichtverletzung bzw. einer Rechtsgutverletzung i.S.d. §§ 823 ff. BGB, die er schuldhaft gemäß § 276 BGB herbeigeführt hat, an sich nach § 280 BGB bzw. 823 ff. BGB für den Schaden voll haften. Obwohl der Verschuldensbegriff des

D. Haftung im Arbeitsverhältnis und innerbetrieblicher Schadensausgleich

§ 276 BGB auch im Arbeitsrecht gilt, besteht jedoch im Ergebnis weitgehend Einigkeit, dass die uneingeschränkte Anwendung der zivilrechtlichen Haftungsgrundsätze („Alles oder Nichts-Prinzip") jedenfalls wegen des vom Arbeitgeber zu tragenden Betriebsrisikos nicht sachgerecht wäre. Daher wird die **Haftung des Arbeitnehmers für Schäden, die er in Ausübung einer betrieblich veranlassten Tätigkeit verursacht** hat (Gefahrgeneigtheit der Tätigkeit nicht mehr erforderlich) **nach den Grundsätzen des sog. innerbetrieblichen Schadensausgleichs** wie folgt beurteilt:

! Beschränkung der Arbeitnehmerhaftung.

- **Vorsatz** – unbeschränkte der Haftung
- **Grobe Fahrlässigkeit** – grundsätzlich unbeschränkter Haftung; ausnahmsweise Haftungsbegrenzung im Einzelfall möglich, wenn Verdienst des Arbeitnehmers in deutlichem Missverhältnis zum Schadensrisiko der Tätigkeit steht
- **Normale (mittlere) Fahrlässigkeit** – Rspr. und h.L.: Schadensteilung, wobei für den Umfang der Arbeitnehmerhaftung Einzelfallumstände maßgeblich sind, im Regelfall Haftung je zur Hälfte
- **Geringe Schuld (leichteste Fahrlässigkeit)** – keine Haftung des Arbeitnehmers

Die Grundsätze des innerbetrieblichen Schadensausgleichs gelten **auch gegenüber den deliktischen Anspruchsgrundlagen**.

Eine **Abweichung** von den Grundsätzen über den innerbetrieblichen Schadensausgleich **zum Nachteil des Arbeitnehmers** in Tarif- oder Arbeitsverträgen ist **unzulässig**.

Anders als im „normalen" Schuldrecht wird das **Verschulden des Arbeitnehmers** beim Vorliegen einer objektiven Pflichtwidrigkeit nicht gemäß § 280 Abs. 1 S. 2 BGB vermutet. Vielmehr trägt der Arbeitgeber aufgrund der **Sonderregelung des § 619 a BGB** die Beweislast für das Verschulden des Arbeitnehmers sowie für den Verschuldensgrad bei Haftung für Pflichtverletzungen im Zusammenhang mit einer betrieblich veranlassten Tätigkeit.

2. Haftung des Arbeitnehmers gegenüber Arbeitskollegen und Betriebsfremden

Die Grundsätze über die Haftungsbeschränkung gelten nur im Verhältnis zum Arbeitgeber, nicht dagegen im Verhältnis zu Dritten, auch nicht im Verhältnis zu Arbeitskollegen. Gegenüber diesen Personen haftet der Arbeitnehmer daher nach allgemeinen Grundsätzen **im vollen Umfang**.

Bei **gesamtschuldnerischer Haftung des Arbeitnehmers und des Arbeitgebers gegenüber einem Dritten** sind allerdings im **Innenverhältnis** zwischen dem Arbeitgeber und dem Arbeitnehmer nach § 426 BGB die **Grundsätze über den innerbetrieblichen Schadensausgleich** zu beachten. Der Arbeitgeber hat danach im Ergebnis den Schaden allein zu tragen, wenn die Haftung des Arbeitnehmers – hätte er den Arbeitgeber geschädigt – ausgeschlossen wäre. Bei anteiliger Haftung ist zu berücksichtigen, dass der Arbeitgeber neben dem eigenen Anteil als Gesamtschuldner auch den Anteil des Arbeitnehmers zu tragen hat, mit dem der Arbeitnehmer ihm gegenüber nicht haften würde, wenn der Arbeitnehmer ihn, d.h. den Arbeitgeber, geschädigt hätte.

Dem von einem Dritten in Anspruch genommenen Arbeitnehmer stehen gegen den Arbeitgeber **Freistellung- bzw. Erstattungsansprüche analog § 670 BGB** zu, in deren Rahmen ebenfalls die **Grundsätze des innerbetrieblichen Schadensausgleichs entsprechend** zu berücksichtigen sind.

3. Haftung des Arbeitgebers für Sachschäden des Arbeitnehmers

a) Für verschuldensabhängige Haftung des Arbeitgebers nach §§ 280 ff. bzw. 823 ff. BGB gelten die allgemeinen Grundsätze, sodass insoweit keine Besonderheiten bestehen.

b) Verschuldensunabhängiger Erstattungsanspruch des Arbeitnehmers wegen Eigenschäden

Hat der Arbeitnehmer einen Schaden an eigenen Sachen erlitten, die er im Interesse des Arbeitgebers eingesetzt hat, ohne dafür eine besondere Vergütung zu erhalten, steht ihm für solche Schäden, die er nicht herkömmlicherweise tragen muss (sog. **arbeitsinadäquate Schäden**) und solche Schäden, die dem Betätigungsbereich des Arbeitgebers zuzurechnen sind (z.B. Privatwagen als Dienstwagen eingesetzt), ein **Erstattungsanspruch nach § 670 BGB analog** zu. Zu beachten ist aber, dass bei Geltendmachung des Erstattungsanspruchs nach § 670 BGB analog auch die **Grundsätze über den innerbetrieblichen Schadensausgleich entsprechend** zu berücksichtigen sind. Die Vertragsparteien sind danach so zu stellen, wie sie stünden, wenn der Arbeitnehmer eine Sache des Arbeitgebers beschädigt hätte. Die **Beweislastregelung des § 619 a BGB** greift allerdings bei der Geltendmachung eines Erstattungsanspruchs des Arbeitnehmers nach § 670 BGB analog **nicht** ein.

E. Betriebsübergang i.S.d. § 613 a BGB

I. Rechtsgeschäftlicher Übergang des Betriebes oder eines Betriebsteils auf einen neuen Betriebsinhaber

1. Vorliegen eines Betriebsübergangs

a) Der **Betriebsübergang i.S.d. § 613 a BGB** setzt nicht den **Übergang** aller Wirtschaftsgüter, wohl aber **der wesentlichen sachlichen und immateriellen Betriebsmittel** voraus und ist von der bloßen Funktionsnachfolge (Auftragsnachfolge) zu unterscheiden, die für § 613 a BGB nicht genügt.

b) Für das Vorliegen eines rechtsgeschäftlichen Betriebsübergangs i.S.d. § 613 a BGB kommt es darauf an, dass der **Übergang auf einer rechtsgeschäftlichen Grundlage** beruht. Die **Wirksamkeit des Rechtsgeschäfts** und **Eigentumserwerb des Erwerbers** sind **nicht erforderlich**. Entscheidend ist, dass die Leitungsmacht auf den neuen Betriebsinhaber übergeht, sodass § 613 a BGB auch dann vorliegt, wenn z.B. Grundlage des Betriebsübergangs ein unwirksamer Pachtvertrag ist.

2. Rechtsfolgen des Betriebsübergangs

a) Arbeitgeberwechsel und Fortgeltung arbeitsvertraglicher Rechte und Pflichten, § 613 a Abs. 1 S. 1 BGB

Ist ein Betrieb oder Betriebsteil durch Rechtsgeschäft übergegangen, so bestimmt § 613 a Abs. 1 S. 1 BGB, dass der neue Inhaber in die Rechte und Pflichten aus den im Zeitpunkt des Übergangs bestehenden Arbeitsverhältnissen eintritt. Es findet also kraft Gesetzes ein **Vertragspartnerwechsel auf der Arbeitgeberseite** statt, der das zwischen dem Arbeitnehmer und dem früheren Arbeitgeber bestehende Arbeitsverhältnis unverändert lässt. Einer Zustimmung des Arbeitnehmers bedarf es nicht (vgl. aber zum Widerspruchsrecht unten unter II). Geht nur ein **Betriebsteil** über, werden davon nur die Arbeitsverhältnisse der Arbeitnehmer erfasst, die dem übergangenen Betriebsteil zuzuordnen sind.

Rechte und Pflichten i.S.d. § 613 a Abs. 1 S. 1 BGB sind jedoch nur die **individualrechtlichen Vereinbarungen** zwischen dem Arbeitnehmer und dem bisherigen Arbeitgeber unter Einschluss der tarifvertraglichen Regelungen, die durch Einbeziehung eines Tarifvertrages Bestandteil des Einzelarbeitsvertrags geworden sind.

b) Fortgeltung von Rechtsnormen eines Tarifvertrages und einer Betriebsvereinbarung, § 613 a Abs. 1 S. 2–4 BGB

aa) Waren Rechte und Pflichten der bisherigen Vertragsparteien durch Rechtsnormen eines normativ wirkenden Tarifvertrages (§§ 3, 5 TVG) oder durch eine Betriebsvereinbarung geregelt, so werden sie gemäß § 613 a Abs. 1 S. 2 BGB Inhalt des Arbeitsverhältnisses zwischen dem neuen Inhaber und dem Arbeitnehmer und dürfen nicht vor Ablauf eines Jahres nach dem Zeitpunkt des Übergangs zum Nachteil des Arbeitnehmers geändert werden (vgl. aber auch § 613 a Abs. 1 S. 4 BGB).

bb) Nach **§ 613 a Abs. 1 S. 3 BGB gilt die in § 613 a Abs. 1 S. 2 BGB angeordnete Fortgeltung** allerdings **nicht, wenn** die Rechte und Pflichten bei dem neuen Inhaber durch Rechtsnormen eines anderen Tarifvertrages oder durch eine andere Betriebsvereinbarung geregelt werden. Dies gilt auch dann, wenn diese Kollektivregelungen für den Arbeitnehmer ungünstiger sind. Voraussetzung für die Ablösung der bisher geltenden Tarifnorm nach § 613 Abs. 1 S. 3 BGB ist allerdings, dass nach dem Betriebsübergang beiderseitige Tarifbindung (sog. **kongruente Deckung**) besteht.

War der bisherige Arbeitgeber an einen Tarifvertrag „in seiner jeweiligen Fassung" aufgrund einer einzelvertragliche Bezugnahme gebunden, gilt die Bezugnahmeklausel nach § 613 a Abs. 1 S. 1 BGB auch für den Betriebserwerber.

c) Für **vor dem Betriebsübergang entstandene Ansprüche** haften der **bisherige und der neue Betriebsinhaber** nach Maßgabe des § 613 a Abs. 2 BGB als **Gesamtschuldner**.

Diese gesamtschuldnerische Haftung entfällt nach der bisherigen Rspr., wenn der Übergang nach Eröffnung des Insolvenzverfahrens über das Vermögen des bisherigen Betriebsinhabers erfolgt. In diesem Fall können die Gläubiger nur Ansprüche gegen den bisherigen Betriebsinhaber nach Maßgabe der Vorschriften der InsO geltend machen. Ob eine solche einschränkende Geltung von § 613 a Abs. 1 BGB im Fall eines Betriebsübergangs im Insolvenzverfahren mit dem EU-Recht vereinbar ist, wird demnächst der EuGH klären müssen.

II. Widerspruchsrecht des Arbeitnehmers, § 613 a Abs. 6 BGB

Die Arbeitnehmer müssen über den Betriebsübergang nach Maßgabe des § 613 a Abs. 5 BGB in Textform ordnungsgemäß belehrt werden. Liegt eine ordnungsgemäße Belehrung vor, können die Arbeitnehmer dem Betriebsübergang gegenüber dem neuen oder dem bisherigen Betriebsinhaber gemäß § 613 a Abs. 6 BGB innerhalb eines Monats nach Zugang der Unterrichtung schriftlich (Schriftform i.S.d. § 126 BGB) widersprechen mit der Folge, dass der bisherige Arbeitgeber Vertragspartner des Arbeitnehmers bleibt. Den Arbeitnehmern kann also letztlich durch den Betriebsübergang ein Wechsel des Vertragspartners nicht aufgezwungen werden.

Widerspricht der Arbeitnehmer dem Betriebsübergang kommt es allerdings häufig vor, dass in der Folgezeit eine betriebsbedingte Kündigung i.S.d. § 1 KSchG wegen Arbeitsplatzwegfall erklärt wird.

Liegt **keine ordnungsgemäße Belehrung** über den Betriebsübergang vor, erlischt das Widerspruchsrecht nach § 613 a Abs. 6 BGB nicht nach einem Monat. Die Berufung auf den Fortbestand des Arbeitsverhältnisses mit dem bisherigen Betriebsinhaber kann zwar im Einzelfall rechtsmissbräuchlich sein. Neben dem Zeitablauf (sog. **Zeitmoment**) ist aber dafür in diesem Fall erforderlich, dass sich der bisherige Arbeitgeber nach den Gesamtumständen darauf einstellen durfte, nicht mehr in Anspruch genommen zu werden (sog. **Umstandsmoment**), woran strenge Anforderungen zu stellen sind.

III. Kündigung wegen eines Betriebsübergangs

Eine Kündigung, die wegen des Betriebsübergangs erfolgt, ist nach § 613 a Abs. 4 unwirksam. Hierbei handelt es sich um einen Verstoß gegen ein gesetzliches Verbot i.S.d. § 134 BGB. Eine Kündigung erfolgt wegen des Betriebsübergangs allerdings nur, wenn dieser der tragende Grund, nicht nur der äußere Anlass für die Kündigung ist.

Das Kündigungsverbot des § 613 a Abs. 4 BGB ist dann nicht einschlägig, wenn es neben dem Betriebsübergang einen sachlichen Grund gibt, der „aus sich heraus" die Kündigung zu rechtfertigen vermag.

Check: Nebenpflichten, Haftung, Betriebsübergang

1. Unter welchen Obergriffen werden die einzelnen Nebenpflichten der Arbeitgebers und des Arbeitnehmers zusammengefasst und woraus werden sie abgeleitet?

1. Fürsorgepflicht des Arbeitgebers und Treuepflicht des Arbeitnehmers (Pflicht zur Vertragstreue), die mangels einer spezielleren Regelung als Rücksichtnahme- bzw. Schutzpflichten aus § 241 Abs. 2 BGB abzuleiten sind.

2. Haftet der Arbeitgeber für Personen- und Sachschäden aufgrund von Arbeitsunfällen, die er nach §§ 276, 278 BGB zu vertreten bzw. für die er nach §§ 823 ff. BGB einzustehen hat?

2. Für Personenschäden einschließlich des Schmerzensgeldes ist die Haftung des Arbeitgebers nach § 104 Abs. 1 SGB VII ausgeschlossen, es sei denn, dass er den Personenschaden vorsätzlich oder auf einem nach § 8 Abs. 1 Nr. 1–4 SGB VII versicherten Wegeunfall verursacht hat. Vorsatz muss sich dabei auch auf die Rechtsgutverletzung beziehen. Bei Sachschäden greift die Haftungsprivilegierung des § 104 SGB VII nicht ein.

3. Können Arbeitnehmer von einem Arbeitskollegen wegen Personen- und Sachschäden aufgrund eines Arbeitsunfalls in Anspruch genommen werden?

3. Für Personenschäden einschließlich Schmerzensgeldes wegen der Haftungsprivilegierung des § 105 ebenfalls nur, wenn sie den Arbeitsunfall vorsätzlich oder auf einem nach § 8 Abs. 2 Nr. 1–4 VII versicherten Weg (Wegeunfall) herbeigeführt haben. Für Sachschäden dagegen keine Haftungsprivilegierung.

4. Haftet der Arbeitnehmer dem Arbeitgeber gegenüber für den Schaden, den er in Ausübung einer betrieblich veranlassten Tätigkeit verursacht hat, immer im vollen Umfang?

4. Nein, in diesen Fällen gilt für die Arbeitnehmerhaftung nach den Grundsätzen über den sog. innerbetrieblichen Schadensausgleich: volle Haftung bei Vorsatz, grds. volle Haftung bei grober Fahrlässigkeit, Haftungsteilung bei „normaler" Fahrlässigkeit und keine Haftung bei leichter Fahrlässigkeit.

5. Ist die Haftung des Arbeitnehmers auch gegenüber Arbeitskollegen und Betriebsfremden nach den Grundsätzen des sog. innerbetrieblichen Schadensausgleichs eingeschränkt?

5. Nein, gegenüber Dritten haftet der Arbeitnehmer nach allg. Grundsätzen im vollen Umfang. Bei gesamtschuldnerischer Haftung gegenüber einem Dritten sind im Innenverhältnis zwischen dem Arbeitgeber und dem Arbeitnehmer nach § 426 BGB die Grundsätze über den innerbetrieblichen Schadensausgleich zu beachten. Wird der Arbeitnehmer von einem Dritten in Anspruch genommen, stehen dem Arbeitnehmer gegen den Arbeitgeber Freistellung- bzw. Erstattungsansprüche analog § 670 BGB zu, wobei auch insoweit die Grundsätze des innerbetrieblichen Schadensausgleichs entsprechend zu berücksichtigen sind.

Check: Nebenpflichten, Haftung, Betriebsübergang (Fortsetzung)

6. Steht dem Arbeitnehmer gegen den Arbeitgeber ein verschuldensunabhängiger Erstattungsanspruch wegen Eigenschäden zu, die er bei der Ausübung seiner Arbeitsleistung erlitten hat?

6. Es kann ein Erstattungsanspruch nach § 670 BGB analog bestehen, wenn der Arbeitnehmer Sachen im Interesse des Arbeitgebers einsetzt, ohne dafür eine besondere Vergütung zu erhalten, die Schäden herkömmlicherweise nicht selbst tragen muss und die Schäden dem Betätigungsbereich des Arbeitgebers zuzurechnen sind. Im Rahmen dieses Erstattungsanspruchs sind auch die Grundsätze über den innerbetrieblichen Schadensausgleich entsprechend zu berücksichtigen.

7. Wann liegt ein Betriebsübergang i.S.d. § 613 a BGB vor?

7. Es ist ein Übergang der wesentlichen sachlichen und immateriellen Betriebsmittel erforderlich, der auf einer rechtsgeschäftlichen Grundlage beruht. Die Wirksamkeit des Rechtsgeschäfts und der Eigentumserwerb des Erwerbers dagegen nicht. Entscheidend ist, dass die Leitungsmacht auf den neuen Betriebsinhaber übergeht.

8. Welche Rechtsfolgen löst der Betriebsübergang nach § 613 a BGB aus?

8. Der Betriebserwerber tritt in die einzelvertraglich begründeten Rechte und Pflichten aus den im Zeitpunkt des Übergangs bestehenden Arbeitsverhältnissen ein. Rechtsnormen eines Tarifvertrages und einer Betriebsvereinbarung gelten grds. nach Maßgabe des § 613 a Abs. 1 S. 2 bis 4 BGB fort und dürfen vor Ablauf eines Jahres nach dem Betriebsübergang nicht zum Nachteil des Arbeitnehmers geändert werden. Ausnahme: § 613 a Abs. 1 S. 2 BGB.

9. Muss der Arbeitnehmer den Betriebsübergang nach § 613 a BGB hinnehmen?

9. Nein, er kann gemäß § 613 a Abs. 6 BGB innerhalb eines Monats nach Zugang der nach § 613 a Abs. 5 BGB erforderlichen Unterrichtung über den Betriebsübergang schriftlich widersprechen. Liegt keine ordnungsgemäße Belehrung vor, gilt die Monatsfrist nicht. Die Berufung auf den Fortbestand des Arbeitsverhältnisses mit dem bisherigen Betriebsinhaber kann aber in besonderen Ausnahmefällen rechtsmissbräuchlich sein.

10. Kann der Arbeitgeber im Zusammenhang mit dem Betriebsübergang wirksam kündigen?

10. Nach § 613 a Abs. 4 ist eine Kündigung, die wegen des Betriebsübergangs erfolgt, unwirksam. Dies gilt nur, wenn der Betriebsübergang der tragende Grund für die Kündigung ist.

6. Abschnitt: Die Beendigung des Arbeitsverhältnisses

Die in der Praxis **wichtigsten Tatbestände für die Beendigung des Arbeitsverhältnisses sind**:

- Anfechtung des Arbeitsverhältnisses (dazu oben S.32 ff.)
- Aufhebungsvertrag
- Befristungsablauf
- Eintritt einer auflösenden Bedingung
- Tod des Arbeitnehmers
- Außerordentliche und ordentliche Kündigung
- Verweigerung der Fortsetzung des Arbeitsverhältnisses durch den Arbeitnehmer nach Feststellung der Unwirksamkeit der Kündigung, §§ 12, 16 KSchG
- Auflösung des Arbeitsverhältnisses durch das Arbeitsgericht nach §§ 9, 10 KSchG

Keine Beendigungstatbestände sind dagegen insbesondere:

- Tod des Arbeitgebers. In diesem Fall treten die Erben an die Stelle des bisherigen Arbeitgebers. Ausnahme: Arbeitsleistung dient ausschließlich den persönlichen Bedürfnissen eines bestimmten Arbeitgebers, z.B. Pflege des Arbeitgebers.
- Betriebsübergang nach § 613 a BGB. In diesem Fall wechselt nur der Vertragspartner des Arbeitgebers, vgl. § 613 a Abs. 4 BGB: Kündigung wegen Betriebsübergangs unwirksam.
- Insolvenz des Arbeitgebers

A. Der Aufhebungsvertrag

Aufgrund der **Vertragsfreiheit** können die Arbeitsvertragsparteien den Arbeitsvertrag grundsätzlich jederzeit ohne Grund und ohne Einhaltung der Kündigungsfrist einvernehmlich auch mit sofortiger Wirkung aufgeben. Der Aufhebungsvertrag bedarf zu seiner Wirksamkeit nach **§ 623 BGB** der **Schriftform**.

Auf den Aufhebungsvertrag sind die **Bestimmungen des allgemeinen und des besonderen Kündigungsschutzes nicht anwendbar**. Es ist nach ganz h.M. auch **keine Anhörung des Betriebsrates** nach § 102 BetrVG erforderlich.

Da beim Aufhebungsvertrag die Aufhebung des Arbeitsverhältnisses Hauptleistungspflicht ist, findet hinsichtlich der **Aufhebungsvereinbarung selbst keine Inhaltskontrolle** nach §§ 307-309 BGB statt.

Dem Arbeitnehmer steht **ohne abweichende Regelung weder** eine **Bedenkzeit noch** ein **Widerrufsrecht** zu, insbesondere nicht das gesetzliche Widerrufsrecht nach den §§ 312 ff., 355 BGB.

§§ 312 ff. BGB sind nur auf solche Verbraucherverträge i.S.d. § 310 Abs. 3 BGB anzuwenden, die eine entgeltliche Leistung des Unternehmers zum Gegenstand haben, der Unternehmer also eine Leistung gegen ein Entgelt des Verbrauchers erbringt. Für Aufhebungsverträge, die in den Geschäftsräumen des Arbeitgebers (§ 312 b BGB) abgeschlossen wurden, ergibt sich bereits aus dem Wortlaut des § 312 Abs. 1 und des § 312 g BGB, dass dem Arbeitnehmer auch dann kein Widerrufsrecht zusteht, wenn keine Abfindung vereinbart wurde. Nach h.M. ergibt sich aus Sinn und Zweck bzw. einer teleologischen Reduktion der §§ 312 ff. BGB, dass auch bei außerhalb der Geschäftsräume des Arbeitgebers abgeschlossenen Aufhebungsverträgen, die eine Abfindung vorsehen, kein Widerrufsrecht besteht. Es wäre auch kaum zu erklären, wenn der Arbeitnehmer, der einen Aufhebungsvertrag mit einer Abfindung außerhalb der Geschäftsräume des Arbeitgebers abgeschlossen hat, besser stehen sollte, als der Arbeitnehmer, der für den Verlust des Arbeitsplatzes keine Abfindung erhält.

Die auf den Abschluss des Aufhebungsvertrages gerichteten **Willenserklärungen** sind **nach den allgemeinen Regeln der §§ 119 ff. BGB anfechtbar**. Hat der Arbeitnehmer den Aufhebungsvertrag nur zur Vermeidung einer vom Arbeitgeber in Aussicht gestellten Kündigung abgeschlossen, ist er **wegen rechtswidriger Drohung** nur dann **nach § 123 BGB** anfechtbar, **wenn** der Arbeitgeber unter Abwägung aller Einzelfallumstände davon ausgehen musste, dass die angedrohte Kündigung im Falle ihres Ausspruchs einer arbeitsgerichtlichen Überprüfung mit hoher Wahrscheinlichkeit nicht standhalten würde. Ein **verständiger Arbeitgeber dürfte** also eine **Kündigung im konkreten Fall nicht ernsthaft in Erwägung ziehen**. Nicht erforderlich ist dagegen, dass sich die angedrohte Kündigung, wenn sie ausgesprochen worden wäre, in einem Kündigungsschutzprozess als rechtsbeständig erwiesen hätte.

B. Die Befristung des Arbeitsverhältnisses

Die Befristung des Arbeitsverhältnisses ist heute grds. für alle Arbeitnehmer im TzBfG geregelt, soweit nicht ein Spezialgesetz (z.B. WissZeitVG, § 6 PflegeZG, § 21 BEEG) eingreift (vgl. § 23 TzBfG). Jede **Befristungsvereinbarung** bedarf nach **§ 14 Abs. 4 TzBfG** der **Schriftform** des § 126 BGB.

6. Abschnitt — Die Beendigung des Arbeits- verhältnisses

Nach **§ 3 TzBfG** ist zwischen der **Zeitbefristung** und der **Zweckbefristung** zu unterscheiden. Die Voraussetzungen unter denen die Befristung eines Arbeitsverhältnisses zulässig ist, sind im Einzelnen in § 14 TzBfG geregelt. Zu unterscheiden ist dabei zwischen

- Befristung mit Sachgrund nach § 14 Abs. 1 TzBfG und
- Befristung ohne Sachgrund nach § 14 Abs. 2 BGB.

Nach der Konzeption des § 14 TzBfG soll die Befristung mit Sachgrund die Regel, die ohne Sachgrund dagegen die Ausnahme sein. Auf eine mögliche Umgehung des KSchG durch die Befristung kommt es – entgegen der früheren Rechtslage – nicht an. Die Befristung ohne Sachgrund ist aber die einfachere und die häufiger vorkommende Befristungsform, weshalb damit begonnen wird.

I. Befristung ohne Sachgrund nach § 14 Abs. 2 TzBfG

Nach § 14 Abs. 2 S. 1 TzBfG ist es zulässig eine Befristung **bis zu zwei Jahren** zu vereinbaren, wobei **innerhalb der Gesamtbefristungsdauer eine dreimalige Verlängerung zulässig** ist.

1. Voraussetzung für eine sachgrundlose Befristung ist nach dem **Anschlussverbot des § 14 Abs. 2 S. 2 TZBfG**, dass zwischen denselben Parteien nicht bereits zuvor ein Arbeitsverhältnis bestand. Das BAG hat zwar bisher angenommen, dass das Merkmal „zuvor" so auszulegen war, dass eine sachgrundlose Befristung des Arbeitsvertrages nur dann unzulässig war, wenn eine Vorbeschäftigung weniger als drei Jahre zurücklag. Das BVerfG hat jedoch inzwischen entschieden, dass eine solche Auslegung des § 14 Abs. 2 TzBfG die Grenzen zulässiger richterlicher Rechtsfortbildung überschreitet und daher Art. 2 Abs. 1 GG i.V.m. Art. 20 Abs. 3 GG verletzt.

2. Nach ganz h.M. setzt eine **Verlängerung** i.S.d. § 14 Abs. 2 S. 1 TzBfG **zwingend** voraus, dass die Verlängerungsvereinbarung **vor Befristungsablauf abgeschlossen** und ohne Änderung der Vertragsbedingungen (auch nicht zugunsten des Arbeitnehmers) **nur die Dauer** der ursprünglichen Befristung **verlängert**. Eine Anpassung des Vertragsinhalts an die während der laufenden Befristung vereinbarten Vertragsänderung ist allerdings zulässig. In einem **Tarifvertrag** kann nach **§ 14 Abs. 2 S. 3 TzBfG** eine abweichende Anzahl der Verlängerungen und eine längere Befristungsdauer geregelt werden (vgl. auch die Ausnahmeregelungen in § 14 Abs. 2 a und Abs. 3 TzBfG).

II. Befristung mit Sachgrund nach § 14 Abs. 1 TzBfG

Abgesehen von den Fällen des § 14 Abs. 2, 3 TzBfG sind Befristungsvereinbarungen nur beim Vorliegen eines Sachgrundes zulässig. § 14 Abs. 1 TzBfG enthält eine (nicht abschließende) Aufzählung der wichtigsten Befristungsgründe. Das sind insbesondere:

- Vorübergehender Bedarf, § 14 Abs. 1 S. 2 Nr. 1 TzBfG (z.B. Projektbefristung)
- Tätigkeit im Anschluss an eine Ausbildung oder Studium, § 14 Abs. 1 S. 2 Nr. 2 TzBfG
- Vertretung eines verhinderten Arbeitnehmers, § 14 Abs. 1 S. 2 Nr. 3 TzBfG (z.B. Urlaub, Krankheit – Hauptfall in der Praxis)
- Eigenart der Arbeitsleitung, § 14 Abs. 1 S. 2 Nr. 4 TzBfG (z.B. Schauspieler, Fußballspieler)
- Erprobung, § 14 Abs. 1 S. 2 Nr. 5 TzBfG
- Gründe in der Person des Arbeitnehmers, § 14 Abs. 1 S. 2 Nr. 6 TzBfG (z.B. Wunsch des Arbeitnehmers, aber nur, wenn er auch die Möglichkeit hätte, einen unbefristeten Arbeitsvertrag abzuschließen).
- Haushaltsrechtlich befristete Stelle, § 14 Abs. S. 2 Nr. 7 TzBfG (Sonderbefristungsgrund des öffentlichen Dienstes)

Bei sog. **Kettenbefristungen** wachsen grds. mit zunehmender Anzahl der Befristungen (z.B. Urlaubs- bzw. Krankheitsvertretungen) auch die Anforderungen an die Zulässigkeit der Befristungen, sodass die Berufung auf die an sich durch einen Befristungsgrund gedeckte Befristung rechtsmissbräuchlich sein kann.

Der Koalitionsvertrag der Großen Koalition sieht u.a. eine Einschränkung der sachgrundlosen Befristungen sowie von Kettenbefristungen vor.

III. Folgen unwirksamer Befristungsvereinbarungen

Der **Befristungskontrolle** unterliegt grds. nur die **letzte Befristungsvereinbarung**. Liegt eine nach Maßgabe des § 14 TzBfG wirksame Befristungsvereinbarung nicht vor, gilt der Arbeitsvertrag nach § 16 S. 1 TzBfG als auf unbestimmte Zeit geschlossen.

Um die Unwirksamkeit der Befristung geltend machen zu können, muss der Arbeitnehmer gemäß **§ 17 S. 1 TzBfG innerhalb von drei Wochen** nach dem vorgesehenen Befristungsende eine Klage auf Feststellung der Unwirksamkeit der Befristung (sog. **Entfristungsklage**) erheben, was auch schon während des Laufs der Befristung möglich ist. Nach **Ablauf der dreiwöchigen Klagefrist** gilt

Aufbauhinweis: Bei der Wirksamkeitsprüfung einer Befristung Einhaltung der Klagefrist des § 17 S. 1 TzBfG zuerst zu prüfen, da sonst Fiktion des § 17 S. 2 TzBfG i.V.m. § 7 KSchG.

die **Befristung kraft gesetzlicher Fiktion als wirksam,** § 17 S. 2 TzBfG i.V.m. § 7 KSchG.

Bei schuldloser Versäumung der Klagefrist kommt allerdings eine nachträgliche Klagezulassung nach § 17 S. 2 TzBfG i.V.m. § 5 KSchG in Betracht. Beim **Streit über das Vorliegen einer Befristungsabrede,** ist **§ 17 TzBfG**, insbesondere die Klagefrist, **nicht anwendbar.**

Bei der Prüfung der Wirksamkeit einer Befristung ist aufbaumäßig zunächst die Einhaltung der Klagefrist des § 17 S. 1 TzBfG zu prüfen, weil bei deren Versäumung die Befristung nach § 17 S. 2 TzBfG i.V.m. § 7 KSchG als wirksam gilt.

C. Auflösende Bedingung, § 21 TzBfG

Die Vereinbarung einer auflösenden Bedingung i.S.d. § 158 Abs. 2 BGB ist nach § 21 TzBfG **grds. zulässig**. Sie bedarf aber zu ihrer Wirksamkeit zum einen nach §§ 21, 14 Abs. 4 TzBfG der **Schriftform.** Zum anderen ist ein **sachlicher Rechtfertigungsgrund erforderlich,** da § 21 TzBfG eine entsprechende Anwendung der Befristungsregelungen des § 14 Abs. 1 TzBfG anordnet.

Ob an die Zulässigkeit einer auflösenden Bedingung sehr strenge Anforderungen zu stellen sind, ist zwar noch nicht abschließend geklärt. Einigkeit besteht jedoch weitgehend darüber, dass als auflösende Bedingung nicht solche Umstände vereinbart werden können, die für eine soziale Rechtfertigung der Kündigung nach § 1 KSchG nicht reichen würden. Zulässig ist dagegen grds. z.B. die Vereinbarung, dass das Arbeitsverhältnis in dem Zeitpunkt endet, in dem dem Arbeitnehmer eine **Rente wegen voller Erwerbsminderung auf Dauer** bewilligt wird.

Altersgrenze nach h.M. keine auflösende Bedingung, sondern **Befristung**, die grds. zulässig ist, wenn auf das Erreichen der Regelaltersgrenze abgestellt wird.

Das Arbeitsverhältnis endet bei einer wirksam vereinbarten auflösenden Bedingung mit dem Bedingungseintritt, frühestens aber – wie bei einer Zweckbefristung – zwei Wochen nach Unterrichtung durch den Arbeitgeber (§ 21 i.V.m. § 15 Abs. 2 TzBfG), ohne das es einer Kündigung bedarf.

! **Aufbauhinweis:** Klagefrist (§ 21 i.V.m. § 17 S. 2 TzBfG) auch bei Streit über die Beendigung des Arbeitsverhältnisses durch auflösende Bedingung zuerst zu prüfen.

Will der Arbeitnehmer geltend machen, dass keine auflösende Bedingung vereinbart wurde oder die Vereinbarung unwirksam ist, muss er auch in diesen Fällen **§ 21 TzBfG i.V.m. § 17 S. 1 TzBfG** die **dreiwöchige Klagefrist** einhalten, um Wirksamkeitsfiktion des § 7 KSchG zu verhindern. Einhaltung der Klagefrist ist bei auflösender Bedingung – wie bei Befristung – zuerst zu prüfen (vgl. oben S. 79).

Check: Aufhebungsvertrag und Befristung

1. Kann das Arbeitsverhältnis grundlos durch einen Aufhebungsvertrag beendet werden?

1. Aufgrund der Vertragsfreiheit, ja. Die Kündigungsschutzbestimmungen sind nicht anwendbar. Es ist nach ganz h.M. auch keine Betriebsratsanhörung nach § 102 BetrVG erforderlich. Er bedarf aber nach § 623 BGB der Schriftform.

2. Steht dem Arbeitnehmer ein gesetzliches Widerrufsrecht zu?

2. Nein, da §§ 312 ff. BGB nach ihrem Wortlaut und Sinn und Zweck auf arbeitsrechtliche Aufhebungsverträge nach h.M. generell nicht anwendbar sind.

3. Kann die Drohung mit einer Kündigung durch den Arbeitgeber zur Anfechtung nach § 123 BGB berechtigen?

3. Ja, wenn ein verständiger Arbeitgeber eine Kündigung im konkreten Fall nicht ernsthaft in Erwägung ziehen dürfte. Ob sie auch wirksam wäre, ist nicht entscheidend.

4. Kann ein Arbeitsverhältnis, ggf. unter welchen Voraussetzungen, ohne Grund wirksam befristet werden?

4. Ja, nach § 14 Abs. 2 TzBfG bis zu zwei Jahren, wobei innerhalb der Gesamtbefristungsdauer eine dreimalige Verlängerung zulässig ist. Die Befristungsvereinbarung bedarf nach § 14 Abs. 4 TzBfG der Schriftform. Voraussetzung ist nach dem Anschlussverbot des § 14 Abs. 2 S. 2 TzBfG auch, dass zwischen denselben Parteien nicht bereits zuvor ein Arbeitsverhältnis bestand.

5. Wann liegt eine Befristungsverlängerung i.S.d. § 14 Abs. 2 TzBfG vor?

5. Die Verlängerungsvereinbarung muss vor Befristungsablauf abgeschlossen werden und darf keine Änderung der Vertragsbedingungen beinhalten.

6. Kann eine Befristung auch unabhängig von den Voraussetzungen des § 14 Abs. 2 TzBfG wirksam, insbesondere mehrfach, vereinbart werden?

6. Ja, wenn eines der in (nicht abschließend) § 14 Abs. 1 TzBfG aufgezählten Gründe vorliegt. Der Befristungskontrolle unterliegt dann grds. nur die letzte Befristungsvereinbarung.

7. Was ist zu beachten, wenn ein Arbeitnehmer die Unwirksamkeit der Befristung geltend machen will?

7. Die sog. Entfristungsklage muss gemäß § 17 S. 1 TzBfG innerhalb von drei Wochen nach dem vorgesehenen Befristungsende erhoben werden, da sonst die Befristung kraft gesetzlicher Fiktion als wirksam gilt, § 17 S. 2 TzBfG i.V.m. § 7 KSchG.

8. Kann als Grund für die Beendigung des Arbeitsverhältnisses auch der Eintritt einer auflösenden Bedingung vereinbart werden?

8. Grds. nach § 21 TzBfG, ja. Die Vereinbarung bedarf aber nach §§ 21, 14 Abs. 4 TzBfG der Schriftform. Außerdem ist ein sachlicher Rechtfertigungsgrund erforderlich, da § 21 TzBfG eine entsprechende Anwendung der Befristungsregelungen des § 14 Abs. 1 TzBfG anordnet.

D. Die Kündigung des Arbeitsverhältnisses

Im Hinblick auf den gewollten Beendigungszeitpunkt ist grds. zwischen einer ordentlichen Kündigung unter Einhaltung einer Kündigungsfrist und einer außerordentlichen Kündigung aus wichtigem Grund nach § 626 BGB ohne Einhaltung der Kündigungsfrist zu unterscheiden.

Die Wirksamkeit der Kündigung des Arbeitsverhältnisses durch eine der Vertragsparteien setzt zunächst in formeller Hinsicht das Vorliegen einer ordnungsgemäßen Kündigungserklärung voraus (dazu unter S. 84). In materiell-rechtlicher Hinsicht ist wegen der unterschiedlichen Wirksamkeitsvoraussetzungen zwischen der Kündigung des Arbeitsverhältnisses durch den Arbeitnehmer und durch den Arbeitgeber zu unterscheiden, da im letzteren Fall Kündigungsbeschränkungen eingreifen können.

I. Die ordentliche Kündigung durch den Arbeitnehmer

Nach dem **Grundsatz der Kündigungsfreiheit** kann grds. jede Vertragspartei das Arbeitsverhältnis ordentlich unter Einhaltung der in **§ 622 BGB** geregelten **Kündigungsfristen** kündigen, ohne dass dafür ein besonderer Kündigungsgrund vorliegen muss. Der Grundsatz der Kündigungsfreiheit gilt für Arbeitnehmerkündigungen ohne gesetzliche Beschränkungen.

Die **Wirksamkeit ordentlichen Arbeitnehmerkündigung setzt lediglich voraus:**

- Eine **ordnungsgemäße Kündigungserklärung** und
- Die **Einhaltung der Kündigungsfrist** des § 622 BGB

Für die Kündigung des Arbeitsverhältnisses durch den Arbeitnehmer können folgende **Kündigungsfristen** gelten:

- Gesetzliche Grundkündigungsfrist des § 622 Abs. 1 BGB von vier Wochen zum 15. oder zum Ende eines Monats.
- Während einer vereinbarten **Probezeit**, längstens für die Dauer von sechs Monaten, gilt kraft Gesetzes gemäß § 622 Abs. 3 eine Kündigungsfrist von zwei Wochen ohne Endtermin.
- Einzelvertragliche Verkürzung der Grundkündigungsfrist des § 622 Abs. 1 BGB ist nur nach Maßgabe des § 622 Abs. 5 BGB möglich.

- Einzelvertragliche Verlängerung der Kündigungsfristen ist grds. nach § 622 Abs. 5 BGB zulässig, für den Arbeitgeber darf aber keine kürzere Frist vereinbart werden (vgl. auch § 624 BGB). Bei einer langen Kündigungsfrist ist aber zu prüfen, ob nicht eine unangemessene Benachteiligung des Arbeitnehmers nach § 307 Abs. 1 BGB (Einschränkung der Berufsfreiheit, Art. 12 Abs. 1 GG) vorliegt.

- Tarifverträge können nach § 622 Abs. 4 BGB abweichenden Kündigungsfristen regeln, deren Geltung im Anwendungsbereich des einschlägigen Tarifvertrages auch einzelvertraglich vereinbart werden kann.

II. Die ordentliche Kündigung durch den Arbeitgeber

1. Differenzierung nach Notwendigkeit der Beachtung von Kündigungsschutzbestimmungen

a) Einschränkungen des Grundsatzes der Kündigungsfreiheit

Für ordentliche Arbeitgeberkündigungen wird der Grundsatz der Kündigungsfreiheit aus Gründen des Arbeitnehmerschutzes eingeschränkt durch

- **besondere Kündigungsschutzbestimmungen** für besonders schutzwürdige Personengruppen (z.B. Schwerbehinderte, Schwangere, Betriebsratsmitglieder) und

- den allgemeinen **Kündigungsschutz nach dem KSchG**, wenn es nach §§ 1 Abs. 1, 23 KSchG anwendbar ist.

Bei jeder Arbeitgeberkündigung muss daher stets neben dem Vorliegen einer ordnungsgemäßen Kündigungserklärung geprüft werden, ob und ggf. welche Einschränkungen des Grundsatzes der Kündigungsfreiheit der Wirksamkeit der Kündigung entgegenstehen.

! Vgl. Schema zur Prüfung der Wirksamkeit einer ordentlichen Arbeitgeberkündigung auf S. 110 f.

b) Nichtanwendbarkeit von Kündigungsschutzbestimmungen

Sind Kündigungsschutzbestimmungen nicht anwendbar, kommt eine **Unwirksamkeit einer ordentlichen Arbeitgeberkündigung nach den Generalklauseln des § 138 BGB (Sittenwidrigkeit) bzw. § 242 BGB (Treuwidrigkeit) nur ausnahmsweise** in

Betracht, da der sonst geltende Grundsatz der Kündigungsfreiheit nicht auf Umwegen über die Generalklauseln der §§ 138, 242 BGB umgangen werden darf.

Unwirksam nach § 134 BGB wegen Verstoßes gegen ein gesetzliches Verbot, sind Kündigungen

- **wegen eines Betriebsübergangs i.S.d. § 613 a Abs. 4 BGB**,
- unter Verstoß gegen das **Maßregelungsverbot des § 612 a BGB**,
- unter Verstoß gegen das **Diskriminierungsverbot des § 7 Abs. 1 AGG, wenn auf das Arbeitsverhältnis das KSchG nach §§ 1 Abs. 1, 23 KSchG nicht anwendbar** ist.

Ist das KSchG dagegen anwendbar, wird der mögliche Verstoß gegen § 7 Abs. 1 AGG nach h.M. wegen der Herausnahmeregelung des § 2 Abs. 4 AGG im Rahmen der Prüfung der sozialen Rechtfertigung nach § 1 KSchG bzw. beim wichtigen Grund nach § 626 Abs. 1 BGB geprüft.

2. Formelle Wirksamkeitsvoraussetzungen

a) Ordnungsgemäße Kündigungserklärung

Die Kündigung des Arbeitsverhältnisses ist eine **einseitige empfangsbedürftige Willenserklärung,** für die die Vorschriften über Willenserklärungen (§§ 104 ff., 116 ff., 164 ff. BGB) gelten.

Als einseitiges Gestaltungsrecht ist die Kündigung grds. **bedingungsfeindlich. Ausnahme: Potestativbedingung,** da deren Eintritt ausschließlich von einem einmaligen Willensentschluss des Kündigungsempfängers abhängt.

Die Erklärung muss die Kündigung nicht zwingend als „ordentlich" oder „fristgerecht" bezeichnen. Es reicht aus, dass für den Kündigungsempfänger erkennbar ist, dass nicht außerordentlich aus einem wichtigen Grund gekündigt werden sollte.

b) Schriftformerfordernis des § 623 BGB

Nach § 623 BGB bedarf **jede Kündigun**g des Arbeitsverhältnisses der gesetzlichen **Schriftform des § 126 BGB**, wobei die elektronische Form ausgeschlossen ist. Die Kündigung muss von dem Erklärenden **eigenhändig mit seinem Namen unterschrieben** werden **und so** dem Kündigungsempfänger auch **zugehen.** Eine Kündigung durch z.B. E-Mail/Fax ist daher nach § 125 BGB unwirksam.

Die **Leserlichkeit der Namensunterschrift** ist allerdings **nicht erforderlich**. Es genügt ein die Identität des Unterschreibenden ausreichend kennzeichnender Schriftzug, der individuelle und entsprechende charakteristische Merkmale aufweist, die eine Nachahmung erschweren. Eine bloße **Paraphe** (Namenskürzel) **genügt also nich**t.

Bei einer **Gesamtvertretung** muss zur Wahrung der Schriftform des § 623 BGB die Kündigung entweder von allen Vertretern oder mit einem Hinweis auf die Vertretung der Nichtunterzeichnenden unterschrieben werden, der sich auch aus den Umständen durch Auslegung ergeben kann. Auf die Vertretungsmacht kommt es im Rahmen der Prüfung der Schriftform nicht an.

c) Zugang der Kündigungserklärung

Für den Zugang der Kündigungserklärung gelten grds. keine Besonderheiten. Nach der maßgeblichen **Empfangstheorie** geht die Kündigung dem Empfänger dann zu, wenn sie so in seinen Machtbereich gelangt ist, dass unter gewöhnlichen Umständen mit einer Kenntnisnahme durch den Empfänger zu rechnen war. Ob und wann er tatsächlich Kenntnis genommen hat, ist unerheblich. Eine Ortsabwesenheit des Empfängers (Urlaub, Krankenhausaufenthalt) steht daher dem Kündigungszugang nicht entgegen. Die Kündigungserklärung muss dem Empfänger wegen des Schriftformerfordernisses des § 623 BGB mit der **Originalunterschrift zugehen**, sodass eine Faxkündigung nach § 125 BGB unwirksam ist.

d) Kündigung des Arbeitgebers

Die Kündigung muss entweder von dem Arbeitgeber selbst oder von einem Vertreter mit Vertretungsmacht (§§ 164 ff. BGB) erklärt werden, da sie sonst dem Arbeitgeber nicht zurechenbar ist.

Die **Kündigung durch einen Vertreter ohne Vertretungsmacht** ist nach **§ 180 S. 1 BGB grds. unzulässig**. Hat allerdings der Erklärungsempfänger die Vertretungsmacht nicht „bei der Vornahme" beanstandet, ist eine **nachträgliche Genehmigung nach §§ 180 S. 2, 177 Abs. 1 BGB mit Rückwirkung** (§ 184 BGB) möglich.

Wird von einem Vertreter, dessen Vertretungsmacht der Kündigungsempfänger nicht kannte, eine **Kündigung ohne** gleichzeitige **Vorlage der Vollmachtsurkunde im Original** erklärt, kann der Kündigungsempfänger sie nach Maßgabe des **§ 174 BGB unverzüglich** (i.d.R. höchstens eine Woche) **wegen fehlender Vollmachtsvorlage zurückweisen**. Die Kündigung ist dann unabhängig vom Bestehen einer Vollmacht wegen der Zurückweisung **unwirksam**. In diesem Fall ist keine Heilung oder Genehmigung nach § 177 BGB möglich.

e) Einhaltung der dreiwöchigen Klagefrist des § 4 S. 1 KSchG

> **Aufbau:** Einhaltung der Klagefrist des § 4 KSchG nach ordnungsgemäßer Kündigungserklärung zuerst zu prüfen, da sonst Fiktion des § 7 KSchG.

aa) Die Unwirksamkeit einer Arbeitgeberkündigung kann von dem Arbeitnehmer nur mit Klage geltend gemacht werden, die **innerhalb von drei Wochen nach Kündigungszugang** beim Arbeitsgericht eingehen muss. Nach **Ablauf der Klagefrist** des § 4 S. 1 KSchG greift die **Wirksamkeitsfiktion des § 7 KSchG** ein.

Die Einhaltung der Klagefrist des § 4 S. 1 KSchG ist nach h.M. für die **Geltendmachung aller Unwirksamkeitsgründe einer dem Arbeitgeber zurechenbaren und formgerechten Kündigung** (nicht Geschäftsunfähigkeit, Vertretungsmangel und Formverstoß) erforderlich. Auf die Anwendbarkeit des KSchG kommt es nicht an.

Nach Versäumung der Klagefrist des § 4 KSchG kann die Unwirksamkeit der Kündigung nur dann geltend gemacht werden, wenn der Antrag des Arbeitnehmers auf **nachträgliche Klagezulassung nach § 5 KSchG** Erfolg hat, wobei sich der Arbeitnehmer das **Verschulden seines** rechtzeitig beauftragten **Prozessbevollmächtigten** entsprechend § 85 Abs. 2 ZPO zurechnen lassen muss.

bb) Ist die **Zustimmung einer Behörde Wirksamkeitsvoraussetzung einer Kündigung,** beginnt die Klagefrist nach § 4 S. 4 KSchG erst mit der Bekanntgabe der Zustimmungsentscheidung. Voraussetzung ist aber, dass der **Arbeitgeber** vor Abgabe der Kündigung **Kenntnis** von den die Zustimmungsbedürftigkeit auslösenden Tatsachen (z.B. Schwerbehinderung, Schwangerschaft) hatte. War dies nicht der Fall, muss die dreiwöchige Klagefrist des § 4 S. 1 KSchG eingehalten werden.

> **Beachte:** Einhaltung der Klagefrist des § 4 KSchG ist keine Frage der Zulässigkeit, sondern der Begründetheit der Kündigungsschutzklage.

Die Einhaltung der Klagefrist des § 4 KSchG ist bei der Prüfung der Erfolgsaussicht einer Kündigungsschutzklage aufbaumäßig nicht im Rahmen der Zulässigkeit, sondern der Begründetheit der Klage zu prüfen, da die Versäumung der Klagefrist nach § 7 KSchG die (materielle) Wirksamkeit der Kündigung fingiert.

f) Ordnungsgemäße Anhörung des Betriebsrates, § 102 BetrVG

aa) Nach § 102 BetrVG ist der existierende Betriebsrat **vor jeder Kündigung** des Arbeitsverhältnisses durch den Arbeitgeber anzuhören. Nach **§ 102 Abs. 1 S. 3 BetrVG** ist die **Kündigung** nicht nur dann **unwirksam,** wenn der Betriebsrat vor Ausspruch der Kündigung überhaupt nicht angehört wurde, sondern auch dann, wenn die **Anhörung nicht ordnungsgemäß** war. Eine Zustimmung des Betriebsrates ist dagegen nicht erforderlich.

bb) Die Anhörung des Betriebsrates ist nur dann wirksam, wenn der Arbeitgeber die ihm obliegende **Unterrichtungspflicht** erfüllt hat. Dies setzt grds. voraus, dass dem Betriebsrat die Personalien des zu kündigenden Arbeitnehmers, Dauer der Betriebszugehörigkeit, Art der Kündigung, Kündigungsfristen und Kündigungsgründe einschließlich der für den Arbeitnehmer sprechenden Umstände sowie die Kriterien für die durchgeführte soziale Auswahl bei einer betriebsbedingten Kündigung mitgeteilt werden.

Die Unterrichtung muss so umfassend sein, dass der Betriebsrat in die Lage versetzt wird, die Stichhaltigkeit der Kündigung ohne eigene Nachforschungen zu beurteilen. Pauschale Angaben genügen also nicht. Dem Betriebsrat bereits bekannte Tatsachen müssen nicht mitgeteilt werden.

Der Arbeitgeber muss allerdings dem Betriebsrat nur die Gründe mitteilen, die aus seiner subjektiven Sicht (sog. **subjektive Determination**) für den Kündigungsentschluss maßgeblich waren. Ob sie zur Rechtfertigung der Kündigung ausreichen, ist keine Frage der ordnungsgemäßen Betriebsratsanhörung, sondern der materiellen Wirksamkeit der Kündigung. Praktische Bedeutung hat dies insbesondere bei einer Betriebsratsanhörung vor einer Kündigung, die keiner sozialen Rechtfertigung nach § 1 KSchG bedarf.

Beispiel: Der Arbeitgeber U teilt dem Betriebsrat vor der beabsichtigten Kündigung des Arbeitsverhältnisses mit dem erst seit vier Monaten beschäftigten A, dass er das Arbeitsverhältnis mit der Frist des § 622 Abs. 1 BGB kündigen möchte, weil „eine gedeihliche Zusammenarbeit auf Dauer nach seiner subjektiven Einschätzung nicht zu erwarten sei". Die Betriebsratsanhörung nach § 102 BetrVG ist ausgehend von dem Grundsatz der subjektiven Anhörung ordnungsgemäß, weil U die Gründe mitgeteilt hat, die für seinen Kündigungsentschluss maßgeblich waren. Diese subjektive Einschätzung würde zwar für eine soziale Rechtfertigung der Kündigung bei Anwendbarkeit des KSchG nach §§ 1 Abs. 1, 23 Abs. 1 KSchG nicht ausreichen, bei einer Kündigung während der sechsmonatigen Wartezeit des § 1 Abs. 1 KSchG ist aber keine soziale Rechtfertigung der Kündigung erforderlich. Die Kündigung ist daher wirksam.

cc) Die **Stellungnahmefrist für den Betriebsrat** beträgt **bei einer ordentlichen Kündigung** nach **§ 102 Abs. 2 S. 1 BetrVG eine Woche**. Äußert er innerhalb dieser Frist keine Bedenken, gilt seine Zustimmung als erteilt, § 102 Abs. 2 S. 1, 2 BetrVG.

Vor Ablauf der Wochenfrist des § 102 Abs. 2 S. 1 BetrVG kann der Arbeitgeber nur dann wirksam kündigen, wenn der Betriebsrat vorher eine **abschließende Stellungnahme** abgegeben hat.

Mängel, die nach ordnungsgemäßer Einleitung des Anhörungsverfahrens durch den Arbeitgeber in den **Verantwortungsbe-**

reich des Betriebsrates fallen (z.B. fehlerhafter Betriebsratsbeschluss), führen auch dann nicht zur Unwirksamkeit der Kündigung, wenn sie dem Arbeitgeber bekannt sind.

dd) Für die Wirksamkeit der Kündigung sind zwar die im Zeitpunkt des Kündigungszugangs objektiv vorliegenden Gründe maßgeblich. Sind sie aber dem Betriebsrat nicht mitgeteilt worden, können sie zur Rechtfertigung der Kündigung nur dann herangezogen werden, wenn sie dem Arbeitgeber bei der Einleitung der Anhörung nicht bekannt waren und der Betriebsrat dazu nachträglich angehört wurde (sog. **Nachschieben von Kündigungsgründen**).

g) Anhörung der Schwerbehindertenvertretung vor der Kündigung eines schwerbehinderten Menschen nach § 178 Abs. 2 SGB IX

Nach § 178 Abs. 2 S. 3 SGB IX ist die Kündigung eines schwerbehinderten Menschen auch dann unwirksam, wenn der Arbeitgeber sie ohne eine Beteiligung der Schwerbehindertenvertretung erklärt. Für die Beteiligung der Schwerbehindertenvertretung gelten grds. die gleichen Grundsätze, die für eine ordnungsgemäße Betriebsratsanhörung gelten. Unter Berufung auf den Sinn und Zweck der Unterrichtungs- und Beteiligungsrechte nach § 178 Abs. 2 S.1 SGB IX geht allerdings die bisher **h.M.** davon aus, dass die **Beteiligung der Schwerbehindertenvertretung** – anders als die Betriebsratsanhörung nach § 102 BetrVG – **vor Abschluss des Verfahrens beim Integrationsamt auf Erteilung der Zustimmung zu der Kündigung des schwerbehinderten Menschen** nach den §§ 168 ff. SGB IX erfolgen muss. Eine erst danach erfolgte Beteiligung der Schwerbehindertenvertretung ist danach fehlerhaft und eine ausgesprochene Kündigung aus diesem Grunde nach § 178 Abs. 2 S. 3 SGB IX unwirksam.

3. Besonderer Kündigungsschutz

Wegen besonderer Schutzbedürftigkeit gelten für **bestimmte Arbeitnehmergruppen** besondere Kündigungsschutzbestimmungen, nach denen die ordentliche Kündigung ausgeschlossen, eingeschränkt oder von einer Behördenzustimmung abhängig gemacht werden kann. Ob ggf. besonderer Kündigungsschutz eingreift, muss den jeweiligen Bestimmungen entnommen werden. Die wichtigsten besonderen Kündigungsschutzbestimmungen gelten für:

- **Schwangere:** Kündigungsverbot mit behördlichem Zustimmungsvorbehalt, § 17 MuSchG (bisher § 9 MuSchG)

- **Elternzeit:** Kündigungsverbot mit behördlichem Zustimmungsvorbehalt nach Maßgabe des § 18 BEEG

- **Schwerbehinderte Menschen und Gleichgestellte** (§ 2 SGB IX): § 168 SGB IX: Kündigung nur mit Zustimmung des Integrationsamtes, sofern die Ausnahmeregelung des § 173 SGB (Hauptfall: Kündigung während der ersten sechs Monaten) nicht eingreift. Dies gilt auch bei Unkenntnis des Arbeitgebers von der Schwerbehinderung, die aber innerhalb einer Regelfrist von drei Wochen nach Kündigungszugang geltend gemacht werden muss, sonst Verlust der Möglichkeit der Berufung auf diesen Kündigungsschutz.

- **Mitglieder oder Wahlbewerber der Betriebsverfassungs- bzw. Personalvertretungsorgane i.S.d. § 15 KSchG während der Amtszeit:** Ordentliche Kündigung grds. ausgeschlossen. **Ausnahme:** Stilllegung des Betriebes bzw. der Beschäftigungsabteilung, **§ 15 Abs. 4 und 5 KSchG. Nach Beendigung der Amtsstellung:** Befristeter „nachwirkender" Kündigungsschutz von einem Jahr (vgl. § 15 Abs. 1 S. 2, Abs. 2 S. 2 KSchG) bzw. sechs oder drei Monaten (vgl. § 15 Abs. 3 S. 2 bzw. Abs. 3 a S. 2 KSchG)

- **Mitglieder der Schwerbehindertenvertretung** haben nach **§ 179 Abs. 3 S. 1 SGB IX** den gleichen Kündigungsschutz wie Betriebsratsmitglieder, also ordentliche Kündigung nach Maßgabe des § 15 KSchG ausgeschlossen.

- **Immissionsschutzbeauftragte, Abfallbeauftragte, Datenschutzbeauftragte:** Ordentliche Kündigung grds. ausgeschlossen – § 58 Abs. 2 BImSchG, § 55 Abs. 3 KrW-AbfG, § 4 f Abs. 3 S. 5, 6 BDSG

- **Einzelne Tarifverträge:** Ausschluss der ordentlichen Kündigung ab einem bestimmten Alter nach einer bestimmten Betriebszugehörigkeit (z.B. § 34 TVöD, § 10 Einzelhandel NRW)

Check: Formelle Wirksamkeitsvoraussetzung – Besonderer Kündigungsschutz

1. Ist für die ordentliche Kündigung des Arbeitsverhältnisses durch den Arbeitnehmer ein Kündigungsgrund erforderlich?

1. Nein, für Arbeitnehmerkündigungen gilt der Grundsatz der Kündigungsfreiheit. Der Arbeitnehmer muss nur die Schriftform des § 623 BGB sowie die Kündigungsfristen des § 622 BGB einhalten.

2. Ist der Grundsatz der Kündigungsfreiheit bei Arbeitgeberkündigungen eingeschränkt?

2. Ja, durch den allgemeinen Kündigungsschutz nach dem KSchG, wenn es nach §§ 1 Abs. 1, 23 KSchG anwendbar ist und besondere Kündigungsschutzbestimmungen für besonders schutzwürdige Personengruppen (z.B. Schwangere, § 17 MuSchG; Elternzeit, § 18 BEEG, schwerbehinderte Menschen, § 168 SGB IX, Betriebsratsmitglieder, § 15 KSchG) nicht eingreifen.

3. Kann eine Arbeitgeberkündigung auch dann unwirksam sein, wenn Kündigungsschutzbestimmungen nicht eingreifen?

3. Nur ausnahmsweise nach den Generalklauseln des § 138 BGB (Sittenwidrigkeit) bzw. § 242 BGB (Treuwidrigkeit) und nach § 134 BGB wegen Verstoßes gegen ein gesetzliches Verbot, z. B. Kündigungen wegen Betriebsübergangs i.S.d. § 613 a Abs. 4 BGB.

4. Was setzt die Einhaltung des Schriftformerfordernisses des § 623 BGB voraus?

4. Eigenhändige Namensunterschrift des Ausstellers (elektronische Form ausgeschlossen) und Zugang im Original bei Empfänger, also insb. keine Faxkündigung.

5. Was setzt der Zugang einer Kündigungserklärung voraus?

5. Sie muss in den Machtbereich des Empfängers gelangen, dass unter gewöhnlichen Umständen mit einer Kenntnisnahme durch den Empfänger zu rechnen war (sog. Empfangstheorie). Ob und wann er tatsächlich Kenntnis genommen hat, ist unerheblich.

6. Was ist bei der Geltendmachung der Unwirksamkeit einer Kündigung zu beachten?

6. Kündigungsschutzklage muss innerhalb von drei Wochen nach Kündigungszugang erhoben werden. Nach Ablauf der Klagefrist des § 4 S. 1 KSchG greift die Wirksamkeitsfiktion des § 7 KSchG ein.

7. Kann nach Versäumung der Klagefrist des § 4 KSchG die Unwirksamkeit der Kündigung noch geltend gemacht werden?

7. Nur bei schuldloser Versäumung der Klagefrist verbunden mit einem Antrag auf nachträgliche Klagezulassung nach Maßgabe des § 5 KSchG.

8. An welcher Stelle ist aufbaumäßig die Einhaltung der Klagefrist zu prüfen?

8. Bei der Begründetheit der Kündigungsschutzklage, dort nach Feststellung des Vorliegens einer nach § 623 BGB formgerechten Arbeitgeberkündigung, da sonst Wirksamkeitsfiktion des § 7 KSchG

9. Was muss der Arbeitgeber vor einer Kündigung in Betrieben mit einem Betriebsrat und einer Schwerbehindertenvertretung beachten?

9. Er muss sowohl den Betriebsrat nach § 102 BetrVG als auch die Schwerbehindertenvertretung ordnungsgemäß unter Angabe der Gründe anhören, die für seinen Kündigungsentschluss maßgeblich sind, weil sonst die Kündigung nach § 102 Abs. 1 S. 3 bzw. § 178 Abs. 2 S. 3 SGB IX unwirksam ist.

4. Allgemeiner Kündigungsschutz nach dem KSchG

Unter dem allgemeinen Kündigungsschutz versteht man den Schutz, den alle Arbeitnehmer vor Arbeitgeberkündigungen genießen, die nach §§ 1 Abs. 1, 23 Abs. 1 KSchG unter den Anwendungsbereich des KSchG fallen. Bei **Anwendbarkeit des KSchG**, ist eine **Arbeitgeberkündigung nach § 1 Abs. 1 KSchG unwirksam, wenn sie nicht sozial gerechtfertigt ist.**

a) Anwendbarkeit des KSchG nach §§ 1 Abs. 1, 23 Abs. 1 KSchG

aa) Persönlicher Anwendungsbereich, § 1 Abs. 1 KSchG

Alle Arbeitnehmer, die im Zeitpunkt des Kündigungszuganges **länger als sechs Monate beschäftigt** waren (sog. Wartezeit des § 1 KSchG). Für die die Erfüllung der sechsmonatigen Wartezeit ist allein der rechtliche Bestand des Arbeitsverhältnisses. Ob der Arbeitnehmer tatsächlich auch gearbeitet hat, ist unerheblich.

Kurzfristige rechtliche Unterbrechungen des Arbeitsverhältnisses sind nach ganz h.M. und unschädlich, wenn zwischen dem alten und dem neuen Arbeitsverhältnis nach Berücksichtigung der Einzelfallumstände ein enger sachlicher Zusammenhang besteht, da anderenfalls der Kündigungsschutz nach § 1 KSchG umgangen werden könnte.

> **Beachte:** Die Wartezeit des § 1 Abs. 1 KSchG muss unabhängig davon erfüllt sein, ob die Parteien eine Probezeit vereinbart haben. Letztere hat aber Bedeutung für die Dauer der Kündigungsfrist, vgl. § 622 Abs. 3 BGB.

bb) Betrieblicher Anwendungsbereich, § 23 Abs. 1 S. 1–4 KSchG

Nach dem etwas kompliziert formulierten § 23 Abs. 1 KSchG gilt für den betrieblichen Anwendungsbereich Folgendes:

(1) Der betriebliche Anwendungsbereich des KSchG ist immer eröffnet, wenn **i.d.R. mehr als zehn Arbeitnehmer i.S.d. § 23 Abs. 1 KSchG** beschäftigt sind (**Teilzeitkräfte zählen abhängig vom Arbeitszeitumfang anteilig** mit 0,5 bzw. 0,75). Entscheidend ist also nicht die zufällige Zahl der Arbeitnehmer im Zeitpunkt des Kündigungszugangs, sondern die regelmäßige Beschäftigtenzahl.

(2) Werden **nicht mehr als fünf Arbeitnehmer beschäftigt**, ist das **KSchG nach § 23 Abs. 1 S. 2 KSchG nicht anwendbar**.

(3) Beschäftigt der Arbeitgeber dagegen **mehr als fünf, aber weniger als zehn Arbeitnehmer** i.S.d. § 23 Abs. 1 KSchG, muss die Anwendbarkeit des KSchG genauer geprüft und dabei wie folgt differenziert werden:

> Differenzierung zwischen sog. Alt- und Neuarbeitnehmern desselben Beschäftigungsbetriebes.

- **Nach dem 31.12.2003 neu eingestellte Arbeitnehmer** (sog. **Neuarbeitnehmer**): Kein Kündigungsschutz nach dem KSchG

- **Vor dem 01.01.2004 eingestellte Arbeitnehmer** (sog. **Altarbeitnehmer**), behalten **so lange** ihren Schutz nach dem KSchG, wie im Betrieb **mehr als 5 Altarbeitnehmer beschäftigt** sind.

b) Voraussetzungen für die soziale Rechtfertigung der Arbeitgeberkündigung nach § 1 KSchG

Die soziale Rechtfertigung einer Kündigung fehlt nach § 1 Abs. 2 KSchG, wenn sie nicht durch Gründe bedingt ist, die in der Person oder in dem Verhalten des Arbeitnehmers liegen, oder durch dringende betriebliche Erfordernisse, die einer Weiterbeschäftigung des Arbeitnehmers entgegenstehen.

Im Einzelfall ist daher stets zu prüfen, ob die Kündigung aus

- personenbedingten,
- verhaltensbedingten oder
- betriebsbedingten

Gründen sozial gerechtfertigt ist.

aa) Die personenbedingte Kündigung

(1) Sowohl bei der personenbedingten als auch bei der verhaltensbedingten Kündigung liegt der **Kündigungsgrund in der Sphäre des Arbeitnehmers**. Die personenbedingte Kündigung unterscheidet sich jedoch von der verhaltensbedingten Kündigung durch die **Steuerbarkeit des Kündigungsgrundes** durch den Arbeitnehmer, die bei einer personenbedingten Kündigung – anders als bei verhaltensbedingter Kündigung – **jedenfalls nicht ohne Weiteres gegeben ist**. Deshalb ist eine **vorherige Abmahnung bei einer personenbedingten Kündigung nicht erforderlich.**

Faustformel zur Abgrenzung personenbedingte/verhaltensbedingte Kündigung:

Verhaltensbedingte Kündigung: Arbeitnehmer könnte den Kündigungsgrund verhindern, wenn er es wollte.

Personenbedingte Kündigung: Arbeitnehmer könnte den Kündigungsgrund selbst dann nicht verhindern, wenn er es wollte.

(2) Die **Wirksamkeit einer personenbedingten Kündigung** setzt in materiell-rechtlicher Hinsicht voraus, dass

- der Arbeitnehmer aufgrund mangelnder Eignung oder persönlichen Fähigkeiten und Eigenschaften nicht mehr in der Lage ist, seine arbeitsvertraglichen Pflichten zu erfüllen,

- diese Umstände zu einer erheblichen Beeinträchtigung betrieblicher oder wirtschaftlicher Interessen des Arbeitgebers führen,

- eine anderweitige Beschäftigungsmöglichkeit auch auf einem Arbeitsplatz mit schlechteren Arbeitsbedingungen nicht besteht und

- die vorzunehmende Interessenabwägung zulasten des Arbeitnehmers ausfällt.

(3) Der **Hauptfall der personenbedingten Kündigung** ist die **Krankheit des Arbeitnehmers**, wozu auch Suchterkrankungen (z.B. Alkoholabhängigkeit) gehören. Bei einer krankheitsbedingten Kündigung ist insbesondere zu unterscheiden zwischen dauerhafter Leistungsunfähigkeit, langandauernder Erkrankung, erheblicher krankheitsbedingter Leistungsminderung und häufigen Kurzerkrankungen.

Bei einer krankheitsbedingten Kündigung wird die Wirksamkeit nach folgendem **Drei-Stufen-Schema** geprüft:

1. Stufe: Negative Gesundheitsprognose hinsichtlich des zukünftigen Gesundheitszustandes, für die die krankheitsbedingten Fehlzeiten in der Vergangenheit eine Indizwirkung haben.

2. Stufe: Erhebliche Störung der betrieblichen Interessen, die in Produktionsablaufstörungen oder erheblichen Lohnfortzahlungskosten bestehen kann, die die Dauer von sechs Kalenderwochen pro Jahr übersteigen.

3. Stufe: Interessenabwägung unter Berücksichtigung des Verhältnismäßigkeitsprinzips: Keine anderweitige Beschäftigung möglich (Vorrang der Änderungskündigung vor Beendigungskündigung), Unzumutbarkeit der Vertragsfortsetzung nach Berücksichtigung aller Umstände des Einzelfalls (z.B. Dauer der Betriebszugehörigkeit, Störungsursache, Lebensalter, Zahl der Unterhaltspflichten). Bei **Nichtdurchführung des nach § 167 Abs. 2 SGB IX** (bisher § 84 Abs. 2 SGB IX) **erforderlichen betrieblichen Eingliederungsmanagements (BEM),** das eine Konkretisierung des Verhältnismäßigkeitsgrundsatzes darstellt, ist die krankheitsbedingte Kündigung nur dann wirksam, wenn der Arbeitgeber im Kündigungsschutzprozess darlegt und gegebenenfalls beweist, dass und warum das BEM objektiv nutzlos gewesen wäre.

Weitere Beispiele für eine personenbedingte Kündigung: Führerscheinverlust beim Berufskraftfahrer, mangelnde Deutschkenntnisse, Haft, unverschuldete Schlechtleistung, Fehlen der erforderlichen Berufsausübungserlaubnis

bb) Die verhaltensbedingte Kündigung

(1) Das Gesetz kennt **keine absoluten verhaltensbedingten Kündigungsgründe.** Eine verhaltensbedingte Kündigung kommt insbesondere bei **Vertragspflichtverletzungen** des Arbeitnehmers in Betracht, wobei nach h.M. **schuldhaftes Verhalten** des Arbeitnehmers zwar grundsätzlich, **nicht** aber **zwingend** erforderlich ist.

Beispiele für verhaltensbedingte Kündigungsgründe: Unentschuldigtes Fehlen, Verspätung, negative Äußerung in sozialen Netzwerken (z.B. Facebook), unerlaubte Internetnutzung während der Arbeitszeit, Schlechtleistung trotz vorhandener Leistungsmöglichkeit, gegen das AGG verstoßendes diskriminieren des Verhalten und Verletzung der Anzeige und Mitteilungspflicht im Krankheitsfall (§ 5 EFZG)

(2) Nach dem das gesamte Kündigungsrecht beherrschenden **Prognoseprinzip** reicht es nicht aus, dass der Arbeitnehmer in der Vergangenheit Vertragspflichtverletzungen begangen hat. Erforderlich ist vielmehr, dass auch in Zukunft mit Vertragspflichtverletzungen zu rechnen ist oder eine so schwerwiegende Vertragsstörung vorliegt, die sich auch künftig belastend auf das Arbeitsverhältnis auswirkt und deshalb nach einer Interessenabwägung eine vertrauensvolle Fortführung des Arbeitsverhältnisses als ausgeschlossen erscheint.

(3) Ausgehend von dem **Verhältnismäßigkeitsgrundsatz** ist **grds. eine vorherige einschlägige Abmahnung erforderlich**, da sie im Verhältnis zu der Kündigung ein milderes Mittel ist. Sie ist bei ordentlicher verhaltensbedingter Kündigung **ausnahmsweise nur dann entbehrlich**, wenn der Arbeitnehmer mit der Duldung seines Verhaltens durch den Arbeitgeber unter keinen Umständen rechnen durfte und mit dem Verlust bei Aufdeckung der Pflichtverletzung rechnen musste. Das kann auch dann der Fall sein, wenn der Arbeitnehmer bereits früher wegen vergleichbarer Pflichtverletzungen eine unwirksame Kündigung erhalten hat.

(4) Im Rahmen der abschließend vorzunehmenden **Interessenabwägung** sind bei einer verhaltensbedingten Kündigung auch die Art, Schwere und Häufigkeit der Pflichtverletzung, Grad des Verschuldens (Vorsatz?), Höhe des Schadens, Beschäftigungsmöglichkeit auf eine freien Arbeitsplatz, wenn anzunehmen ist, dass der Arbeitnehmer das beanstandete Verhalten auf dem neuen Arbeitsplatz nicht fortsetzen wird.

cc) Betriebsbedingte Kündigung – Erforderlichkeit der sozialen Auswahl, § 1 Abs. 2, 3 KSchG

(1) „Normalfall" der betriebsbedingten Kündigung

(a) Voraussetzung für eine wirksame betriebsbedingte Kündigung ist zunächst, dass **außerbetriebliche Faktoren** (z.B. Auftragsrückgang) oder **innerbetriebliche Maßnahmen** (z.B. Stilllegung von Betriebsteilen, Rationalisierungsmaßnahmen) vorliegen, die den **Wegfall eines oder mehrerer Arbeitsplätze** zur Folge haben und **keine anderweitige Beschäftigungsmöglichkeit** – auch nicht zu schlechteren Arbeitsbedingungen **(Vorrang der Änderungskündigung vor Beendigungskündigung)** in demselben Betrieb oder einem anderen Betrieb desselben Unternehmens in Deutschland (sog. **unternehmensbezogene Weiterbeschäftigungsmöglichkeit**) besteht. Dieses dringende betriebliche Erfordernis setzt also voraus, dass ein Arbeitskräfteübergang vorliegt und daher die Entlassung eines oder mehrerer Arbeitnehmer gerechtfertigt ist. Nicht erforderlich ist dagegen, dass gerade der Arbeitsplatz des gekündigten Arbeitnehmers weggefallen ist.

Ist die **Kündigung die Folge einer sog. unternehmerischen Entscheidung** (z.B. Streichung einer Schicht beim Dreischichtbetrieb, Ersatz der bisherigen Maschinen durch eine moderne Maschine, die von weniger Arbeitnehmern bedient werden muss), kann diese unternehmerische Entscheidung nicht auf ihre Zweckmäßigkeit hin, sondern nur auf Willkür und offenbare Unrichtigkeit gerichtlich überprüfbar sein, was nur bei besonderes gelagerten Ausnahmefällen in Betracht kommen kann. Dies ist damit zu begründen, dass die Arbeitsgerichte das unternehmerische Risiko nicht tragen und daher dem Arbeitgeber nicht vorschreiben dürfen, was eine bessere oder zweckmäßigere Entscheidung wäre. Die Kündigung selbst ist allerdings noch nicht eine solche freie unternehmerische Entscheidung, sondern muss deren Folge sein.

(b) Steht fest, dass ein oder mehrere Arbeitnehmer aus betriebsbedingten Gründen entlassen werden müssen, also ein **Arbeitskräfteüberhang** vorliegt, ist die **Kündigung gleichwohl nach § 1 Abs. 3 KSchG wegen fehlerhafter sozialer Auswahl unwirksam**, wenn der Arbeitgeber bei der Auswahl des gekündigten Arbeitnehmers die **Dauer der Betriebszugehörigkeit**, das **Lebensalter**, die **Unterhaltspflichten** und die **Schwerbehinderung** des Arbeitnehmers nicht oder nicht ausreichend berücksichtigt hat, also dem „falschen", weil schutzwürdigeren Arbeitnehmer gekündigt hat.

Die vier sozialen Auswahlkriterien sind grds. gleichgewichtig und im Rahmen einer Gesamtabwägung „nur angemessen" zu berücksichtigen, sodass dem Arbeitgeber bei der vorzunehmenden sozialen Auswahl ein gewisser Beurteilungsspielraum verbleibt.

In die soziale Auswahl sind dabei grds. nur die vergleichbaren Arbeitnehmer einzubeziehen. Vergleichbar sind dabei die Arbeitnehmer, die aufgrund ihrer Fähigkeiten und Kenntnisse (sog. „qualifikationsmäßige Vergleichbarkeit") sowie nach dem Vertragsinhalt (sog. „arbeitsvertragliche Vergleichbarkeit") austauschbar sind. Eine **wechselseitige Austauschbarkeit** ist **nicht erforderlich**. Entscheidend ist nur, ob der unmittelbar kündigungsbedrohte Arbeitnehmer den fortbestehenden Arbeitsplatz übernehmen und der Arbeitgeber ihm den Arbeitsplatz auch einseitig aufgrund des Direktionsrechts nach § 106 GewO zuweisen kann.

In die soziale Auswahl nach § 1 Abs. 3 S. 1 KSchG sind allerdings nach § 1 Abs. 2 S. 3 S. 2 KSchG die sog. Leistungsträger nicht einzubeziehen. Das sind die Arbeitnehmer, deren Weiterbeschäftigung, insbesondere wegen ihrer Kenntnisse, Fähigkeiten und Leistungen oder zur Sicherung einer ausgewogenen Personalstruktur des Betriebes, im berechtigten betrieblichen Interesse liegt (sog. Leistungsträger).

! Die **Wirksamkeitsprüfung einer betriebsbedingten Kündigung muss also in 2 Stufen** erfolgen:

- **1. Stufe:** Vorliegen eines dringenden betrieblichen Erfordernisses, also Notwendigkeit der Entlassung eines/mehrerer Arbeitnehmer
- **2. Stufe: Soziale Auswahl nach § 1 Abs. 3 KSchG:** Ist auch der „richtige" Arbeitnehmer entlassen worden?

Die **Darlegungs- und Beweislast für das Vorliegen des dringenden betrieblichen Erfordernisses** i.S.d. § 1 Abs. 2 KSchG trägt im Kündigungsschutzprozess bei einem **„Regelfall"** der betriebsbedingten Kündigung nach **§ 1 Abs. 2 S. 4 KSchG** der **Arbeitgeber**.

Die **Darlegungs- und Beweislast für die Tatsachen, aus denen sich die Unrichtigkeit der sozialen Auswahl** ergeben soll, trägt dagegen an sich der **Arbeitnehmer**, § 1 Abs. 3 S. 3 Hs. 1 KSchG. Nach § 1 Abs. 3 S. 3 Hs. 2 KSchG hat jedoch der Arbeitgeber auf Verlangen des Arbeitnehmers die Gründe anzugeben, die zu der getroffenen sozialen Auswahl geführt haben. Erfüllt der **Arbeitgeber** diese **Auskunftspflicht** nicht oder nicht vollständig und kann der Arbeitnehmer mangels eigener Kenntnis die Namen sozial stärkerer Arbeitnehmer nicht nennen, ist der der fehlenden Kenntnis des Arbeitnehmers entsprechende Vortrag, es seien sozial stärkere Arbeitnehmer als er vorhanden, schlüssig und ausreichend, sodass von fehlerhafter sozialer Auswahl auszugehen ist.

Der Arbeitnehmer trägt also die **volle Darlegungslast für die Fehlerhaftigkeit der Sozialauswahl erst nach Erfüllung der Auskunftspflicht durch den Arbeitgeber**. Für das Vorliegen von Gründen, die nach § 1 Abs. 3 S. 2 KSchG einer Auswahl nach sozialen Gesichtspunkten entgegenstehen, also die Berechtigung der **Herausnahme der sog. Leistungsträge**r, ist dagegen von vornherein der **Arbeitgeber darlegungs- und beweispflichtig**.

(2) Massenentlassung, § 17 KSchG

Sollen von einer Entlassung mehrere Arbeitnehmer betroffen werden, sodass die **Schwellenwerte des § 17 Abs. 1 KSchG** erreicht sind, liegt eine sog. Massenentlassung vor, bei der **zwei zusätzliche formelle Wirksamkeitsvoraussetzungen** erfüllt sein müssen, nämlich:

- **ordnungsgemäße Durchführung eines Konsultationsverfahrens** nach Maßgabe des § 17 Abs. 2 KSchG und

- **ordnungsgemäße Massenentlassungsanzeige** nach Maßgabe von § 17 Abs. 1, 3 KSchG

Ist vor Ausspruch einer Kündigung ein nach § 17 Abs. 2 KSchG erforderliches Konsultationsverfahren nicht ordnungsgemäß durchgeführt worden oder liegt keine ordnungsgemäße Massenentlassungsanzeige vor, ist die Kündigung wegen Verstoßes gegen ein gesetzliches Verbot i. S. v. § 134 BGB rechtsunwirksam.

§ 17 Abs. 1 S. 2 KSchG stellt ausdrücklich klar, dass den Entlassungen nach § 17 Abs. 1 S. 1 KSchG, die für das Erreichen der Schwellenwerte des § 17 Abs. 1 KSchG maßgeblich sind, andere Beendigungen des Arbeitsverhältnisses gleich stehen, die vom Arbeitgeber veranlasst werden. Dazu gehören insbesondere Eigenkündigungen und Aufhebungsverträge, die zur Vermeidung der in Aussicht gestellten Arbeitgeberkündigung erklärt bzw. abgeschlossen werden.

(3) Betriebsänderung und Interessenausgleich mit Namensliste, § 1 Abs. 5 KSchG, § 125 InsO

Sind bei einer Kündigung aufgrund einer Betriebsänderung nach § 111 BetrVG die Arbeitnehmer, denen gekündigt werden soll, in einem Interessenausgleich zwischen Arbeitgeber und Betriebsrat namentlich bezeichnet, so hat das zur Folge, dass

- vermutet wird, dass die Kündigung durch dringende betriebliche Erfordernisse i.S.d. § 1 Abs. 2 KSchG bedingt ist und
- die soziale Auswahl der Arbeitnehmer nur auf grobe Fehlerhaftigkeit überprüft werden kann.

Verschlechterung der Erfolgsaussichten bei einer Kündigungsschutzklage, wenn Kündigung aufgrund einer Betriebsänderung erklärt wird, der ein Interessenausgleich mit Namensliste zugrunde liegt.

Die Prozessaussichten eines Arbeitnehmers bei einer Kündigung aufgrund einer Betriebsänderung, der ein Interessenausgleich mit Namensliste zugrunde liegt, und dessen Name in der Namensliste aufgeführt ist, sind wegen der Umkehr der Beweislast hinsichtlich des dringenden betrieblichen Erfordernisses und des eingeschränkten Prüfungsmaßstabes hinsichtlich der Fehlerhaftigkeit der sozialen Auswahl trotz der bestehenden abgestuften Darlegungs- und Beweislast erheblich schlechter. Denn der Arbeitnehmer muss im Ergebnis zum einen – abweichend von § 1 Abs. 2 S. 4 KSchG – darlegen und beweisen, dass die Kündigung nicht durch dringende betriebliche Erfordernisse bedingt ist, obwohl diese Umstände nicht in seiner Sphäre liegen. Zum anderen muss er auch darlegen und beweisen, dass die soziale Auswahl jede Ausgewogenheit vermissen lässt und damit grob fehlerhaft ist. Der eingeschränkte Überprüfungsmaßstab bezieht sich dabei nicht nur auf die Auswahlkriterien selbst, sondern auch auf die Vergleichsgruppenbildung, also die Vergleichbarkeit der Arbeitnehmer.

5. Kündigungsfristen bei Arbeitgeberkündigungen

Für die Kündigungsfristen bei einer ordentliche Arbeitgeberkündigung gelten grundsätzlich die gleichen Grundsätze wie für die Kündigungsfristen der Arbeitnehmer.

Für länger beschäftigten Arbeitnehmer gelten jedoch bei Arbeitgeber die **von der Dauer der Betriebszugehörigkeit abhängigen verlängerten gesetzlichen Kündigungsfristen** nach Maßgabe des **§ 622 Abs. 2 S. 1 Nr. 1 bis 7 BGB**.

§ 622 Abs. 2 S. 2 BGB, wonach bei der Berechnung der Beschäftigungsdauer Zeiten, die vor der Vollendung des 25. Lebensjahrs des Arbeitnehmers liegen, nicht berücksichtigt werden, **gilt wegen Unvereinbarkeit** dieser Altersdiskriminierung **mit dem Unionsrecht nicht**.

Bei einer **Insolvenz des Arbeitgebers** beträgt die Kündigungsfrist gemäß **§ 113 InsO längstens drei Monate zum Monatsende**.

Check: Allgemeiner Kündigungsschutz nach dem KSchG

1. Wann ist für eine Arbeitgeberkündigung eine soziale Rechtfertigung erforderlich?

1. Wenn das Arbeitsverhältnis des zu kündigenden Arbeitnehmers im Zeitpunkt des Kündigungszugangs länger als sechs Monate bestanden besteht (§ 1 Abs. 1 KSchG) und der Arbeitgeber mehr als zehn Arbeitnehmer i.S.d. § 23 Abs. 1 KSchG beschäftigt.

2. Wann ist eine Arbeitgeberkündigung nicht sozial gerechtfertigt?

2. Nach § 1 Abs. 2 des KSchG, wenn sie nicht durch Gründe, die in der Person oder in dem Verhalten des Arbeitnehmers liegen, oder durch dringende betriebliche Erfordernisse bedingt ist, die einer Weiterbeschäftigung des Arbeitnehmers im Beschäftigungsbetrieb oder in einem anderen Betrieb des Unternehmers entgegenstehen. Im letzteren Fall ist die Kündigung nach § 1 Abs. 3 KSchG auch dann unwirksam, wenn die vom Arbeitgeber getroffene soziale Auswahl fehlerhaft ist.

3. Wodurch zeichnet sich eine personenbedingte Kündigung i.S.d. § 1 Abs. 2 KSchG aus und welcher ist deren Hauptfall?

3. Dadurch, dass der Kündigungsgrund in der Sphäre des Arbeitnehmers liegt. Der Hauptfall der personenbedingte Kündigung ist die Kündigung wegen krankheitsbedingter Fehlzeiten des Arbeitnehmers.

4. Wie ist die Wirksamkeitsprüfung einer krankheitsbedingten Kündigung vorzunehmen?

4. Drei-Stufen-Schema: 1. Stufe: negative Gesundheitsprognose hinsichtlich des zukünftigen Gesundheitszustandes; 2. Stufe: erhebliche Störung der betrieblichen Interessen, die in Produktionsablaufstörungen oder erheblichen Lohnfortzahlungskosten liegen kann, die die Dauer von sechs Wochen überschreiten; 3. Stufe: Interessenabwägung unter Berücksichtigung des Verhältnismäßigkeitsprinzips, insbesondere keine anderweitige Beschäftigungsmöglichkeit, auch nicht zu schlechteren Arbeitsbedingungen.

5. Wann kommt verhaltensbedingte Kündigung in Betracht?

5. Insbesondere bei Vertragspflichtverletzung des Arbeitnehmers, wobei nach h.M. schuldhaftes Verhalten grds., aber nicht zwingend erforderlich ist.

6. Was ist bei der Prüfung der Wirksamkeit einer verhaltensbedingten Kündigung zu beachten?

6. Nach dem das Kündigungsrecht beherrschenden Prognoseprinzip reicht es nicht aus, dass der Arbeitnehmer in der Vergangenheit Vertragspflichtverletzung begangen hat. Erforderlich ist vielmehr, dass auch in der Zukunft mit Vertragsstörungen zu rechnen ist, sodass dem Arbeitgeber die Fortsetzung des Arbeitsverhältnisses auf Dauer nach einer Interessenabwägung nicht zumutbar ist, wobei grds. eine vorherige einschlägige Abmahnung erforderlich ist.

Check: Allgemeiner Kündigungsschutz nach dem KSchG (Fortsetzung)

7. Wann liegt ein dringendes betriebliches Erfordernis i.S.d. § 1 Abs. 2 KSchG vor?

7. Wenn durch außerbetriebliche Faktoren (z.B. Auftragsmangel) oder innerbetriebliche Maßnahmen (z.B. Rationalisierungsmaßnahmen) Arbeitskräfteüberhang entsteht und keine anderweitige Beschäftigungsmöglichkeit besteht, die unternehmensbezogen zu prüfen ist.

7. Kann eine sog. unternehmerische Entscheidung, die zum Wegfall von Arbeitsplätzen führt, auf ihre Zweckmäßigkeit hin überprüft werden?

7. Nein, nur auf Willkür oder offenbare Unrichtigkeit, was nur ausnahmsweise in Betracht kommt. Dies ist damit zu begründen, dass der Arbeitgeber das unternehmerische Risiko trägt und ihm deshalb nicht vorgegeben werden kann, welche Maßnahme zweckmäßiger wäre.

8. Wann ist eine Kündigung wegen fehlerhafter sozialer Auswahl unwirksam?

8. Nach § 1 Abs. 3 KSchG, wenn der Arbeitgeber bei der Auswahl des gekündigten Arbeitnehmers die Dauer der Betriebszugehörigkeit, das Lebensalter, die Unterhaltspflichten und die Schwerbehinderung des Arbeitnehmers nicht ausreichend berücksichtigt hat.

9. Welche Arbeitnehmer sind bei der sozialen Auswahl nach § 1 Abs. 3 KSchG vergleichbar?

9. Solche, die aufgrund ihrer Fähigkeiten und Kenntnisse sowie nach dem Vertragsinhalt austauschbar sind.

10. Wer trägt die Darlegung und Beweislast für die soziale Rechtfertigung der Kündigung?

10. Für den Kündigungsgrund grds. nach § 1 Abs. 2 S. 4, Abs. 3 S. 3 KSchG der Arbeitnehmer.

11. Welche formalen Wirksamkeitsvoraussetzung müssen bei einer Massenentlassung nach § 17 KSchG zusätzlich erfüllt sein?

11. Ordnungsgemäße Durchführung des Konsultationsverfahrens (§ 17 Abs. 2 KSchG) und eine ordnungsgemäße Massenentlassungsanzeige, § 17 Abs. 1, 3 KSchG.

12. Welche Besonderheiten sind bei einer Kündigung aufgrund einer Betriebsänderung zu beachten, der ein Interessenausgleich mit Namensliste zugrunde liegt?

12. Zum einen wird nach § 1 Abs. 5 KSchG vermutet, dass die Kündigung durch dringende betriebliche Erfordernisse i.S.d. § 1 Abs. 2 KSchG bedingt ist. Zum anderen ist die soziale Auswahl der Arbeitnehmer nur auf grobe Fehlerhaftigkeit hin überprüfbar.

13. Gelten für Arbeitgeberkündigung die gleichen gesetzlichen Kündigungsfristen wie bei der Kündigung durch den Arbeitnehmer?

13. Nein, bei länger beschäftigten Arbeitnehmern gelten die verlängerten Kündigungsfristen des §§ 622 Abs. 2 BGB, die von der Beschäftigungsdauer abhängig sind. Abweichend vom Wortlaut des § 622 Abs. 2 S. 2 BGB sind dabei auch Zeiten vor Vollendung des 25. Lebensjahres zu berücksichtigen.

III. Die außerordentliche Kündigung gemäß § 626 BGB

Die außerordentliche Kündigung des Arbeitsverhältnisses durch beide Arbeitsvertragsparteien ist gemäß **§ 626 BGB** in materieller Hinsicht nur wirksam, wenn ein **wichtiger Kündigungsgrund** vorliegt. Daneben müssen – wie bei einer ordentlichen Kündigung – die formellen Wirksamkeitsvoraussetzungen einer Kündigung vorliegen, die u.U. bestehenden besonderen Kündigungsschutzbestimmungen beachtet und die dreiwöchige Klagefrist des § 4 S. 1 KSchG eingehalten werden, um die Fiktionswirkung des § 7 KSchG zu verhindern.

1. Formelle Wirksamkeitsvoraussetzungen einer außerordentlichen Kündigung

a) Die formellen Wirksamkeitsvoraussetzungen der außerordentlichen Kündigung sind im Wesentlichen die gleichen wie bei einer ordentlichen Arbeitgeberkündigung, also Wirksamkeit der Kündigungserklärung nach §§ 104 ff., 164 BGB, Schriftform des § 130 BGB und Zugang beim Kündigungsempfänger (vgl. dazu oben S. 84 f.).

Mit der **Kündigungserklärung** muss klar zum Ausdruck gebracht werden, dass eine **Kündigung ohne Einhaltung einer Kündigungsfrist aus wichtigem Grund** erklärt werden soll. Die außerordentliche Kündigung wird regelmäßig fristlos erklärt, zwingend ist es aber nicht. Soll eine außerordentliche Kündigung mit einer sozialen Auslauffrist erklärt werden, muss dies klar zum Ausdruck gebracht werden.

b) Hinsichtlich der **Betriebsratsanhörung** ist zu beachten, dass die **Stellungnahmefrist** – anders als bei einer ordentlichen Kündigung – nicht eine Woche, sondern gemäß **§ 102 Abs. 2 S. 3 BetrVG nur drei Tage** beträgt. Zu beachten ist dabei, dass die zweiwöchige **Kündigungserklärungsfrist des § 626 Abs. 2 BGB** durch die Betriebsratsanhörung weder unterbrochen noch gehemmt wird, sondern weiterläuft.

2. Einhaltung bestehender besonderer Kündigungsschutzbestimmungen

Das Recht zu einer außerordentlichen Kündigung nach § 626 BGB ist zwar unabdingbar, für besonders schutzbedürftige Arbeitnehmer gelten jedoch Einschränkungen. Dies sind insbesondere:

- **§ 17 MuSchG, Schwangerschaft:** Kündigungsverbot mit Erlaubnisvorbehalt

- **§ 18 BEEG, Elternzeit:** Kündigungsverbot mit Erlaubnisvorbehalt

- **§ 174 SGB IX, Schwerbehinderte:** Zustimmung des Integrationsamtes erforderlich (Ausnahme: § 173 SGB IX)

- **§ 103 BetrVG:** Erforderlichkeit der **Zustimmung des Betriebsrates** bei **Mandatsträgern i.S.d. § 103 Abs. 1 BetrVG**, insbesondere bei Betriebsratsmitgliedern. Verweigert der Betriebsrat, kann der Arbeitgeber nach Maßgabe des § 103 Abs. 2 BetrVG die **Zustimmungsersetzung beim Arbeitsgericht** beantragen.

- **§ 179 Abs. 3 SGB IX: Mitglieder der Schwerbehindertenvertretung** haben den gleichen Kündigungsschutz wie Betriebsratsmitglieder, also Zustimmung des Betriebsrates entsprechend § 103 BetrVG erforderlich

3. Wichtiger Kündigungsgrund i.S.d. § 626 BGB

a) Die **Konkretisierung des unbestimmten Rechtsbegriffs „wichtiger Grund"** i.S.d. § 626 Abs. 1 BGB ist durch eine abgestufte Prüfung vorzunehmen, die **aus systematisch zwei zu trennenden Prüfungsabschnitten besteht:**

- **1. Prüfungsschritt:** Es muss zunächst ein **Sachverhalt** vorliegen, der ohne die besonderen Umstände des Einzelfalles **an sich geeignet** ist, einen **wichtigen Kündigungsgrund** i.S.d. § 626 Abs. 1 BGB **abzugeben.**

- **2. Prüfungsschritt: Interessenabwägung** unter Berücksichtigung aller Einzelfallumstände, insbesondere des Verhältnismäßigkeitgrundsatzes

aa) Als **„wichtiger Grund" i.S.d. § 626 Abs. 1 BGB** kommen insbesondere **besonders schwerwiegende Vertragsverletzungen** in Betracht, die im Zeitpunkt des Kündigungszuganges objektiv vorgelegen haben. **Verschulden** des Gekündigten ist zwar **nicht zwingend** erforderlich, der Grad des Verschuldens ist aber im Rahmen der Interessenabwägung zu berücksichtigen. **Als wichtiger Grund scheiden** dagegen **betriebsbedingte Gründe** (z.B. Insolvenz, Betriebsstilllegung) sowie **personenbedingte Gründe**, insbesondere Krankheit **grds. aus**. Etwas anderes gilt in solchen Fällen **ausnahmsweise** nur dann, wenn die ordentliche Kündigung ausgeschlossen ist und eine anderweitige Beschäftigungsmöglichkeit nicht besteht, da in diesem Fall ein „sinnentleertes" Arbeitsverhältnis aufrechterhalten werden müsste. In solchen Fällen kann zwar eine **außerordentliche Kündigung** erklärt werden, aber unter **Einhaltung einer sog. sozialen Auslauffrist**, die der ordentlichen Kündigungsfrist entspricht.

bb) Die Geltendmachung eines Sachverhalts als wichtiger Grund setzt außerdem die **Einhaltung der zweiwöchigen Kündigungserklärungsfrist des § 626 Abs. 2 BGB im Zeitpunkt des Kündigungszugangs** voraus. Mit Ablauf dieser Ausschlussfrist tritt die unwiderlegbare gesetzliche Vermutung ein, dass ein möglicherweise an sich gegebener wichtiger Grund nicht mehr geeignet ist, die Unzumutbarkeit der Vertragsfortsetzung selbst bis zum Ablauf der Kündigungsfrist zu begründen und damit eine außerordentliche Kündigung zu rechtfertigen.

Die **Kündigungserklärungsfrist beginnt** nach § 626 Abs. 2 S. 2 BGB mit dem Zeitpunkt, in dem der Kündigungsberechtigte von den für die Kündigung maßgebenden Tatsachen **positive Kenntnis** erlangt. Dies ist der Fall, sobald er eine zuverlässige und hinreichend vollständige Kenntnis der einschlägigen Tatsachen hat, die ihm die Entscheidung darüber ermöglicht, ob er das Arbeitsverhältnis fortsetzen soll oder nicht. Sind für den Arbeitgeber mehrere Personen gemeinsam vertretungsberechtigt, genügt für den Beginn der Ausschlussfrist grundsätzlich schon die Kenntnis eines der Gesamtvertreter. Der Kündigungsberechtigte, der bislang nur Anhaltspunkte für einen Sachverhalt hat, der zur außerordentlichen Kündigung berechtigen könnte, kann nach pflichtgemäßem Ermessen weitere Ermittlungen anstellen und den Betroffenen anhören, ohne dass die Frist des § 626 Abs. 2 S. 1 BGB zu laufen begänne. Dies gilt allerdings nur so lange, wie er aus verständigen Gründen mit der gebotenen Eile Ermittlungen durchführt, die ihm eine umfassende und zuverlässige Kenntnis des Kündigungssachverhalts und der Beweismittel verschaffen sollen.

Beispiele für einen wichtigen Grund i.S.d. § 626 Abs. 1 BGB: Beharrliche Arbeitsverweigerung, ausländerfeindliche Äußerungen im Betrieb, grobe Beleidigung von Vorgesetzten oder des Arbeitgebers, sexuelle Belästigungen, Tätigkeiten im Betrieb und vorsätzliche Vermögensschädigungen des Arbeitgebers oder der Arbeitskollegen, ohne dass es auf die strafrechtliche Wertung ankommt, Vortäuschung einer krankheitsbedingten Arbeitsunfähigkeit und Arbeitszeitbetrug

cc) Liegt ein Sachverhalt vor, der an sich geeignet ist, einen wichtigen Kündigungsgrund abzugeben, muss die außerordentliche

Kündigung im **Einzelfall** noch einer **Interessenabwägung unter Berücksichtigung des Verhältnismäßigkeitsprinzips** standhalten. Dies ist nur dann der Fall, wenn die außerordentliche Kündigung, die unausweichlich letzte Maßnahme (ultima ratio) für den Kündigungsberechtigten war, also alle anderen in Betracht kommenden milderen Mitteln (z.B. Abmahnung, Versetzung, fristgerechte Kündigung) unzumutbar war. Im Rahmen der vorzunehmenden Interessenabwägung sind alle Umstände des Einzelfalles, insbesondere Dauer der Betriebszugehörigkeit, Unterhaltspflichten und Grad des Verschuldens zu berücksichtigen.

Bei einer wirksamen ordentlichen Kündigung darf also für den Kündigenden die Fortsetzung des Arbeitsvertrags auf Dauer, bei einer außerordentlichen Kündigung dagegen wegen des besonders schwerwiegenden Kündigungsgrundes nicht nur auf Dauer, sondern selbst bis zum Ablauf der Kündigungsfrist nicht zumutbar sein.

b) Verdachtskündigung

Eine außerordentliche Kündigung kommt nicht nur wegen einer objektiv feststehenden Vertragspflichtverletzung (sog. **Tatkündigung**), sondern auch als eine sog. **Verdachtskündigung** in Betracht. Die Unschuldsvermutung, die im Strafrecht gilt („im Zweifel für den Angeklagten"), steht der Wirksamkeit der Verdachtskündigung nach ganz h.M. nicht entgegen. Da aber die Verdachtskündigung auch einen Unschuldigen treffen kann, sind an deren Wirksamkeit sehr strenge Voraussetzungen zu stellen. Diese sind:

- Verdacht durch objektive Tatsachen begründet, sodass sich ein verständiger und gerecht abwägender Arbeitgeber zum Kündigungsausspruch veranlasst sehen kann

- Verdacht so dringend, dass bei kritischer Prüfung eine auf Indizien gestützte große Wahrscheinlichkeit der Tatbegehung gerade durch den zu kündigenden Arbeitnehmer besteht

- Straftat, deren der Arbeitnehmer verdächtigt wird, muss so schwerwiegend sein, dass sie als Kündigungsgrund ausgereicht hätte, wenn die Schuld feststünde

- Arbeitgeber muss alles ihm Zumutbare zur Sachverhaltsaufklärung getan haben. Dazu gehört insbesondere auch, dass der Arbeitnehmer die Möglichkeit zu einer Stellungnahme erhält. Die Anhörung des Arbeitnehmers ist grds. (formelle) Wirksamkeitsvoraussetzung einer Verdachtskündigung.

- Dringender Tatverdacht ist bis zum Schluss der letzten mündlichen Verhandlung in der Tatsacheninstanz nicht ausgeräumt

- Fortsetzung des Arbeitsverhältnisses für den Arbeitgeber gerade wegen des bestehenden dringenden Tatverdachts nach einer Interessenabwägung selbst bis zum Ablauf der Kündigungsfrist nicht zumutbar

Nach h.M. ist bei der Prüfung der Wirksamkeit einer Verdachtskündigung abweichend von dem Normalfall nicht nur auf den Zugangszeitpunkt abzustellen, sondern es sind auch die **im Verlaufe des Kündigungsschutzverfahrens aufgetretenen Be- und Entlastungsumstände zu berücksichtigen,** sofern sie bereits vor Zugang der Kündigung objektiv vorlagen.

Eine **ordentliche Verdachtskündigung** ist wegen des Ausnahmecharakters dieser Kündigungsart, nach der Rspr. des BAG nur dann sozial gerechtfertigt i.S.d. § 1 KSchG, wenn Tatsachen vorliegen, die zugleich eine außerordentliche, fristlose Kündigung gerechtfertigt hätten.

IV. Die Änderungskündigung nach § 2 KSchG

Die Änderungskündigung i.S.d. § 2 KSchG ist ein **zusammengesetztes Rechtsgeschäft**, das zwingend aus **zwei Willenserklärungen** besteht, nämlich

- ordentliche/außerordentliche **Beendigungskündigung** und

- **Änderungsangebot**.

1. Die Änderungskündigung ist also eine **echte Kündigung**, die eine Beendigung des Arbeitsverhältnisses bewirken soll, wenn der Arbeitnehmer das Änderungsangebot nicht innerhalb der Kündigungsfrist, spätestens aber innerhalb von drei Wochen nach Kündigungszugang angenommen hat.

Da bei einer Änderungskündigung die Beendigung des Arbeitsverhältnisses unter der ausnahmsweise zulässigen Bedingung (Potestativbedingung) steht, dass der Arbeitnehmer das Änderungsangebot nicht annimmt, muss das Änderungsangebot nach h.M. spätestens beim Zugang der Beendigungserklärung vorliegen. Dies folgt daraus, dass für die Wirksamkeit einer Kündigung der Zeitpunkt des Kündigungszugangs maßgeblich ist. Für den Arbeitnehmer muss daher klar erkennbar sein, ob das Arbeitsverhältnis insgesamt beendet werden soll oder sich nur einzelne Arbeitsbedingungen beim Fortbestand des Arbeitsverhältnisses ändern sollen.

2. Bei einer **Änderungskündigung** hat der Arbeitnehmer folgende **Reaktionsmöglichkeiten**:

- **Annahme des Änderungsangebots ohne Vorbehalt** mit der Folge, dass das Arbeitsverhältnis nach Ablauf des vorgesehenen Beendigungstermins zu den in dem Änderungsangebot (geänderten) Arbeitsbedingungen fortbesteht.

- **Ablehnung der Annahme des Änderungsangebots** mit der Folge, dass das Arbeitsverhältnis zum vorgesehenen Beendigungszeitpunkt insgesamt beendet wird, wenn die Änderungskündigung wirksam ist.

- **Annahme des Änderungsangebots unter dem Vorbehalt, dass die Änderung der Arbeitsbedingungen nicht sozial ungerechtfertigt ist,** sodass bei fristgerecht nach § 4 S. 1 KSchG erhobener Änderungsschutzklage (§ 4 S. 2 KSchG) nur darüber zu entscheiden ist, ob das Arbeitsverhältnis zu unveränderten oder zu den im Änderungsangebot genannten Bedingungen fortbesteht.

3. Da die Änderungskündigung eine echte Beendigungskündigung ist, müssen zunächst **alle formellen Wirksamkeitsvoraussetzungen einer Kündigung** (z.B. Schriftform des § 623 BGB, die auch für das Änderungsangebot gilt, Zugang, Anhörung des Betriebsrates nach § 102 BetrVG zu einer Änderungskündigung, besondere Kündigungsschutzbestimmungen) vorliegen (vgl. dazu oben S. 105).

Darüber hinaus muss das **Änderungsangebot** den allgemeinen zivilrechtlichen **Anforderungen an die Bestimmtheit** genügen. Es muss also konkret gefasst oder zumindest so bestimmbar sein, dass es der Arbeitnehmer ohne Weiteres annehmen kann. Aus ihm müssen sich also die künftig geltenden Arbeitsbedingungen und der künftige Inhalt des Arbeitsverhältnisses unmittelbar ergeben.

Wird die **Sozialwidrigkeit einer ordentlichen Änderungskündigung** nach **§ 2 S. 1 i.V.m. § 2 KSchG** materiell-rechtlich beurteilt, so ist insoweit zu prüfen, ob die Änderung der Arbeitsbedingungen sozial gerechtfertigt ist, nicht dagegen die Beendigung des Arbeitsverhältnisses. Das Änderungsangebot des Arbeitgebers ist daher als Prüfungsgegenstand maßgebend zu berücksichtigen.

Ein **wichtiger Grund** zur außerordentlichen Änderungskündigung setzt nach **§ 626 BGB** voraus, dass die alsbaldige Änderung der Arbeitsbedingungen unabweisbar notwendig ist und die geänderten Bedingungen dem gekündigten Arbeitnehmer zumutbar sind.

Check: Außerordentliche Kündigung – Änderungskündigung

1. Wann ist eine außerordentliche Arbeitgeberkündigung wirksam?

1. Wenn ein wichtiger Kündigungsgrund i.S.d. § 626 BGB vorliegt und auch die formellen Wirksamkeitsvoraussetzungen erfüllt sind.

2. Durch welche besondere Kündigungsschutzbestimmung kann die außerordentliche Arbeitgeberkündigung eingeschränkt sein?

2. § 17 MuSchG (Schwangerschaft), § 18 BEGG (Elternzeit), § 103 BetrVG (Mandatsträger) § 179 Abs. 3 SGB IX (Mitglieder der Schwerbehindertenvertretung) und § 276 SGB IX (Schwerbehinderte)

3. Wie ist die Prüfung des wichtigen Kündigungsgrundes i.S.d. § 626 BGB vorzunehmen?

3. In zwei Prüfungsschritten: 1. Schritt: Liegt ein Sachverhalt vor, der ohne Einzelfallumstände an sich geeignet ist, einen wichtigen Kündigungsgrund abzugeben? Hauptfall: Verhaltensbedingte Gründe; 2. Schritt: Interessenabwägung unter Berücksichtigung aller Einzelfallumstände, insbesondere des Verhältnismäßigkeitsprinzips, nach dem insbesondere grds. eine vorherige Abmahnung erforderlich ist.

4. Kann eine außerordentliche Kündigung auch aus betriebs- oder personenbedingten Gründen erklärt werden?

4. Grds. nicht. Ausnahme: ordentliche Kündigung ausgeschlossen und keine anderweitige Beschäftigungsmöglichkeit. Dann: Einhaltung einer sozialen Auslauffrist erforderlich, die der Kündigungsfrist entspricht.

5. Ist für die Erklärung einer außerordentlichen Kündigung eine Zeit vorgegeben?

5. Ja, nach § 622 Abs. 2 BGB Einhaltung einer zweiwöchigen Kündigungserklärungsfrist erforderlich. Nach deren Ablauf greift die unwiderlegbare Vermutung ein, dass ein wichtiger Grund nicht vorliegt.

6. Kann eine außerordentliche Kündigung auch wegen eines Verdachts ausgesprochen werden?

6. Ja, die strafrechtliche Unschuldsvermutung greift nicht ein. Da aber die sog. Verdachtskündigung auch einen Unschuldigen treffen könnte, sind an deren Wirksamkeit strenge Anforderungen zu stellen. Insbesondere die Anhörung des Arbeitnehmers ist grds. Wirksamkeitsvoraussetzung. Im Verlaufe des Kündigungsschutzprozesses auftretende Be- und insbesondere Entlastungsumstände sind zu berücksichtigen.

7. Was zeichnet sich durch eine Änderungskündigung aus?

7. Die Änderungskündigung i.S.d. § 2 KSchG ist ein zusammengesetztes Rechtsgeschäft, das zwingend aus einer ordentlichen/außerordentlichen Beendigungskündigung und einem Änderungsangebot bestehen muss.

8. Was ist bei der Prüfung der Wirksamkeit einer Änderungskündigung neben den formellen Voraussetzungen zu beachten?

8. Dass nicht die soziale Rechtfertigung der Beendigung des Arbeitsverhältnisses, sondern das Änderungsangebot im Mittelpunkt der Wirksamkeitsprüfung steht.

E. Das Arbeitszeugnis

I. Allgemeines

Jeder Arbeitnehmer hat bei Beendigung des Arbeitsverhältnisses **Anspruch auf Erteilung eines schriftlichen Arbeitszeugnisses** aus **§ 109 GewO**. Die elektronische Form ist gemäß § 109 Abs. 3 GewO ausgeschlossen. Das Zeugnis muss grds. auf einem (vorhandenen) **Firmenbogen** ausgestellt und vom Arbeitgeber selbst oder seinem Vertreter eigenhändig **unterschrieben** werden. Ein Anspruch auf ein „ungeknicktes" Zeugnis besteht grds. nicht. Nach h.M. kann der Arbeitnehmer nicht verlangen, dass das Arbeitszeugnis rückdatiert wird. Wird ein bereits ausgestelltes Zeugnis nachträglich „berichtigt" kann der Arbeitnehmer verlangen, dass das ursprüngliche Ausstellungsdatum belassen wird. Ein **Zurückbehaltungsrecht** gegenüber dem Zeugnisanspruch steht dem Arbeitgeber nicht zu.

Der Anspruch auf Erteilung eines Arbeitszeugnisses ist **im bestehenden Arbeitsverhältnis unabdingbar**, nach dessen Beendigung kann dagegen der Arbeitnehmer darauf verzichten, weil es in seinem Ermessen steht, ob er den Zeugnisanspruch geltend macht oder nicht.

II. Das sog. **einfache Arbeitszeugnis nach § 109 Abs. 1 S. 2 GewO** muss genaue Angaben zur Person des Arbeitnehmers (Name, Vorname), über die Art der Beschäftigung (Beschreibung der wesentlichen Tätigkeiten), den Beginn sowie das Ende des Arbeitsverhältnisses sowie ein Ausstellungsdatum enthalten. Weitere Angaben darf das einfache Arbeitszeugnis ohne Zustimmung des Arbeitnehmers nicht enthalten.

III. Nach **§ 109 Abs. 1 S. 3 GewO** hat der Arbeitgeber auf **Verlangen des Arbeitnehmers** ein Zeugnis zu erstellen, das sich auch auf die Führung und Leistung im Arbeitsverhältnis erstreckt, sog. **qualifiziertes Arbeitszeugnis**. Da die Leistung und die Führung des Arbeitnehmers während der Dauer des Arbeitsverhältnisses eine untrennbare Einheit sind, kann der Arbeitnehmer nicht verlangen, dass der Arbeitgeber seine Beurteilung in einem qualifizierten Zeugnis (nur) auf Leistung oder (nur) auf Führung beschränkt.

Da die Formulierung des Arbeitszeugnisses im pflichtgemäßen Ermessen des Arbeitgebers steht, hat der Arbeitnehmer grds. keinen Anspruch auf bestimmte Formulierungen oder einen bestimmten Wortlaut. Der Zeugnisinhalt muss zwar im Rahmen der **Wahrheitspflicht** so **wohlwollend** formuliert sein, dass dadurch das weitere Fortkommen des Mitarbeiters nicht unnötig erschwert wird. Der

Arbeitnehmer, der ein qualifiziertes Zeugnis verlangt, muss aber auch mit negativen Aussagen bezüglich der Leistungs- bzw. Führungsbeurteilung rechnen. Da jedoch das Arbeitszeugnis eine Gesamtbeurteilung während des Arbeitsverhältnisses enthalten muss, dürfen **einmalige Vorfälle** grds. nicht erwähnt werden, es sei denn, dass deren Auslassung „unverantwortlich" wäre. Der **Beendigungsgrund** darf gegen den Willen des Arbeitnehmers nur dann in das Zeugnis aufgenommen werden, wenn er für die Beurteilung der Gesamtpersönlichkeit charakteristisch ist. Auch langjährige **Betriebsratszugehörigkeit** darf gegen den Willen des Arbeitnehmers grds. nicht in einem Arbeitszeugnis erwähnt werden, da sie i.d.R. keinen Bezug zu der geschuldeten Arbeitsleistung hat und deren Erwähnung grds. gegen das Benachteiligungsverbot des § 78 S. 2 BetrVG (§ 8 BPersVG) verstößt.

Ein Anspruch auf die Aufnahme der **„Wunschformel"** bzw. einer **„Dankesformel"** besteht grds. nicht, da die Wunschformel nicht zum notwendigen Inhalt eines qualifizierten Zeugnisses gehört.

Für eine **durchschnittliche Leistungsbeurteilung** wird in der Praxis üblicherweise folgende Formulierung verwendet:

- „Er hat die ihm übertragenen Arbeiten zu unserer vollen bzw. stets zu unserer Zufriedenheit erledigt" = befriedigend

Die **Darlegungs- und Beweislast** für eine unterdurchschnittliche Beurteilung trägt nach ganz h.M. der Arbeitgeber, für eine überdurchschnittliche Beurteilung dagegen der Arbeitnehmer. Verlangt allerdings der Arbeitnehmer die „Berichtigung" eines bereits erteilten Arbeitszeugnisses, ist der Arbeitgeber an seine bisherige Leistungs- und Führungsbeurteilung (z.B. im Zwischenzeugnis, früherer Erfüllungsversuch) grds. gebunden, sodass der Arbeitnehmer die Darlegungs- und Beweislast nur hinsichtlich einer noch besseren Beurteilung trägt.

Bei verschuldeter Nichterfüllung, Schlechterfüllung oder verspäteter Erfüllung des Zeugnisanspruchs kann der Arbeitnehmer Ersatz des Schadens verlangen, den er dadurch erleidet, dass er infolge der Vertragspflichtverletzung des Arbeitgebers keine oder eine schlechtere Stelle erhält.

Bei bewusst unrichtigem Zeugnis trifft den ausstellenden Arbeitgeber neben der deliktischen Haftung aus § 826 BGB nach h.M. auch eine stillschweigend vereinbarte vertragliche Einstandspflicht dafür, dass ein künftiger Arbeitgeber nicht im Vertrauen auf das Zeugnis einen Schaden erleidet.

6. Abschnitt — Die Beendigung des Arbeits-verhältnisses

Schema für die Wirksamkeitsprüfung einer ordentlichen Arbeitgeberkündigung

I. **Vorliegen einer ordnungsgemäßen Kündigungserklärung**
   1. Begrifflich ordentliche oder außerordentliche Kündigung
   2. Wirksamkeit nach **§§ 130, 164 BGB** (Abgabe, Zugang und Stellvertretung)
   3. Einhaltung der **Schriftform** (§§ 623, 126 BGB), die sich mangels abweichender Regelung nur auf die Kündigung selbst bezieht

II. **Einhaltung der dreiwöchigen Klagefrist des § 4 S. 1 KSchG** (Ausnahme: § 4 S. 4 KSchG); bei Fristversäumung: Nachträgliche Klagezulassung nach § 5 KSchG – sonst Fiktion des § 7 KSchG: Kündigung gilt als wirksam.

III. **Ordnungsgemäße Anhörung des Betriebsrates nach § 102 BetrVG** (Personalrat nach § 75 BPersVG bzw. LPersVG oder Mitarbeitervertretung bei kirchlichen Arbeitgebern). **Bei Schwerbehinderten auch ordnungsgemäße Anhörung der Schwerbehindertenvertretung, § 178 Abs. 2 S. 1, 3 SGB IX**

IV. **Besonderer Kündigungsschutz**, z.B. § 17 MuSchG (Schwangere), § 168 SGB IX (Schwerbehinderte) und § 15 KSchG (Betriebsräte).

V. **Allgemeiner Kündigungsschutz nach dem KSchG**
   1. Anwendbarkeit nach §§ 1 Abs. 1, 23 Abs. 1 KSchG
   2. Soziale Rechtfertigung § 1 Abs. 2, 3 KSchG
      a) Kündigungsgrund (s. unten) und Interessenabwägung im Einzelfall
         - personenbedingt
         - verhaltensbedingte grds. vorherige Abmahnung erforderlich
         - betriebsbedingt und außerdem soziale Auswahl, § 1 Abs. 3 KSchG
      b) § 1 Abs. 2 S. 2, 3 KSchG: Absolute Sozialwidrigkeit (keine Interessenabwägung), wenn wirksamer Widerspruch des Betriebsrates
      Bei außerordentlicher Kündigung wird statt der sozialen Rechtfertigung nach § 1 KSchG ein wichtiger Grund nach Maßgabe des § 626 BGB geprüft.

VI. **Kündigung außerhalb des Anwendungsbereichs des KSchG:** Keine Unwirksamkeit nach den Generalklauseln der §§ 138, 242 BGB, wenn KSchG nicht anwendbar

VII. **Einhaltung der Kündigungsfrist:** § 622 BGB, wenn keine abweichende Regelung vorhanden

Sind diese Kündigungsschutzbestimmungen nicht anwendbar, kommt eine **Unwirksamkeit der Kündigung nach den Generalklauseln des § 138 BGB** (Sittenwidrigkeit) **bzw. § 242 BGB nur ausnahmsweise** in Betracht, da der sonst geltende Grundsatz der Kündigungsfreiheit nicht auf Umwegen über die Generalklauseln der §§ 138, 242 BGB umgangen werden darf.

Die Helfer für alle Fälle...

Aufbauschemata Zivilrecht/ZPO

Dr. Tobias Langkamp, Rechtsanwalt und Repetitor
Frank Müller, Rechtsanwalt und Repetitor

17. Auflage 2019 – 16,90 €
ISBN 978-3-86752-628-9

Aufbauschemata Strafrecht/StPO

Dr. Rolf Krüger, Rechtsanwalt, FA Strafrecht und Repetitor
Dr. Mathis Bönte, Rechtsanwalt

15. Auflage 2019 – 14,90 €
ISBN 978-3-86752-614-2

Aufbauschemata Öffentliches Recht

Thomas Müller, Rechtsanwalt und Repetitor

17. Auflage 2019 – 14,90 €
ISBN 978-3-86752-629-6

...mit Alpmann Schmidt!

ALPMANN SCHMIDT

RÜ
RechtsprechungsÜbersicht

Ihre Examensfälle von morgen

Das bietet die RÜ

Darstellung aktueller examensrelevanter **Gerichtsentscheidungen** so, wie sie im 1. Examen gefordert werden – **im Gutachtenstil** // **RÜ-Check:** Die wichtigsten Informationen des jeweiligen Hefts in **Frage und Antwort zur Lernkontrolle** // Abonnentenservice: Die komplette RÜ ab dem 20. des Vormonats online lesen.

Der Erfolg gibt uns Recht. Immer wieder orientieren sich Examensklausuren an Gerichtsentscheidungen, die zuvor in der RÜ klausurmäßig aufbereitet wurden. Die Examenstreffer der RÜ finden Sie unter: **blog.alpmann-schmidt.de/rue-hitlist**

Alpmann Schmidt